TÜRKEI

- Besonders Interessantes ist mit dem Berlitz-Symbol ✓ gekennzeichnet
- Praktische Informationen von A–Z finden Sie ab Seite 143
- Übersichtskarten zum Ausklappen und im Text erleichtern Ihnen die Reiseplanung

Copyright © **1996** Berlitz Publishing Co. Inc.,
400 Alexander Park Drive, Princeton, NJ 08540, USA.
9 - 13 Grosvenor St., London W1A3BZ UK

Alle Rechte vorbehalten, insbesondere der Vervielfältigung und Verbreitung sowie Übersetzung. Ohne schriftliche Genehmigung des Verlags ist es nicht gestattet, den Inhalt dieses Werkes oder Teile daraus auf elektronischem oder mechanischem Wege (Fotokopie, Mikrofilm, Ton- und Bildaufzeichnung, Speicherung auf Datenträger oder ein anderes Verfahren) zu reproduzieren, zu vervielfältigen oder zu verbreiten.

Berlitz ist ein beim U.S Patent Office und in anderen Ländern eingetragenes Warenzeichen – Marca Registrada.

Printed in Switzerland by Weber SA, Bienne.

4. Ausgabe (1996)

Alle Informationen sind sorgfältig recherchiert und überprüft worden, erfolgen aber ohne Gewähr. Der Verlag kann für Adressen, Preise und allgemeine Angaben, die ständig von Änderungen betroffen sind, keine Verantwortung übernehmen. Die Redaktion ist aber für Berichtigungen, Hinweise und Ergänzungen dankbar.

Text:	Fred Mawer
Deutsche Fassung:	K. Fuchs, Monika Lee
Fotos:	Fred Mawer, Neil Wilson
Gestaltung:	Paula Wilson
Karten:	Visual Image

Wir danken dem Türkischen Ministerium für Tourismus, Turkish Airlines und Holiday Antos für ihre Mithilfe bei der Vorbereitung dieses Reiseführers.

Umschlagfoto:	*Tempel der Aphrodite, Aphrodisias*
Foto auf S.4:	*Hafen Bodrum*

INHALT

Land und Leute	5
Geschichte	10
Sehenswertes	27

Istanbul 29; Thrakien und Marmara 47; Ägaische Küste 54; Mittelmeerküste 69; Zentralanatolien 91; Schwarzmeerküste 111; Ostanatolien 116

Was unternehmen wir heute?	121

Einkaufsbummel 121; Unterhaltung 128; Sport 129

Essen und Trinken	135
Berlitz-Info	143
Hotel- und Restaurantempfehlungen	171
Register	188

Daten und Fakten auf einen Blick
Türkei 9; Geschichte 14-15; Istanbul 37; Feste und Folklore 126

Karten
Ephesus 62; Ankara 94; Berlitz-Info 143

Land und Leute

Wenn Sie noch nie in der Türkei waren, dann setzt sich Ihr Bild vielleicht aus Bazaren, Bauchtänzerinnen, Harems, Kebabs und Türkischen Bädern zusammen, und ganz falsch ist diese Collage nicht. Doch am Ende Ihres Aufenthalts werden Sie vor allem Ahmed im Gedächtnis behalten, dessen Teppiche Sie tagtäglich vorgeführt bekamen – leider übertreffen seine Künste als Backgammonspieler die als Verkäufer um einiges…, oder Abdul den Schuhputzjungen, Yusuf, den Fährmann oder Kamil, den Reiseveranstalter: die türkische Gastfreundschaft ist legendär und vertreibt völlig das Bild vom »schrecklichen Türken«, das seit den Tagen des Osmanischen Reiches in unseren Köpfen gespeichert ist.

Es gibt viele Gründe für einen Urlaub in der Türkei. Das Wetter ist phantastisch – an der ägäischen und an der Mittelmeerküste scheint die Sonne den ganzen langen Sommer hindurch. Die Preise sind niedrig, für Pauschaltouristen wie für Einzelreisende. Und erst die Landschaft: eindrucksvolle Berge, weite Ebenen und Wüsten, pinienbestandene Hügel – für Vielfalt ist gesorgt.

Vielleicht ist für Sie die Landschaft auch nur Hintergrund einer Geschichte reicher als die vieler anderer Länder. Mächtige Zivilisationen – Hethiter, Urartier, Lydier und Phrygier – entstanden und vergingen, noch bevor in anderen Ländern überhaupt eine nennenswerte Zivilisation entstanden war. Einige der wichtigsten römischen und griechischen Städte entstehen vor dem geistigen Auge des Besuchers, der auf marmornen Straßen den Spuren Aristoteles, Kleopatras und des Apostels Paulus folgt. In byzantinischen Kirchen, Kreuzfahrerschlössern, Seltschukenmoscheen und osmanischen Palästen scheinen die Personen der (historischen) Handlung noch präsent zu sein. Aber auch die

Land und Leute

komplexe Gegenwart dieses Landes ist nicht ohne Faszination. Es war immer den verschiedenen Einflüssen des Orients und des Okzidents ausgesetzt. Sitz Ostroms, bekannt als byzantinisches Reich, war es zugleich Kernland des islamischen Osmanischen Reichs, das in seiner Blütezeit bis vor die Tore Wiens reichte. Diese Spannung ist noch immer spürbar, vor allem in den großen Städten, wo Luxushotels, Modegeschäfte und Casinos mit Gewürzmärkten und der Ruhe einer großen Moschee kontrastieren.

Atatürk, der große Reformer der Türkei, setzte in den 20er und 30er Jahren unseres Jahrhunderts alle seine Energien daran, die Türkei zu einem westlichen Land zu machen. Er ging dabei vor allem von der Annahme aus, daß die Türkei ihren »europäischen Fuß« nicht werde nützen können, wenn sie ein rein moslemisches Land bliebe, und so trennte er Religion und Staat. Er verbannte den Fez und den Turban. Sein Erbe, eine weltliche Republik mit einer moslemischen Bevölkerung, charakterisiert die moderne Türkei.

Die Präsenz des Islam – Moscheen, Minarette und der fünfmal täglich ertönende Gebetsruf des Muezzin – ist selbst in den dekadentesten Urlauberorten eindeutig und wird vielleicht weiterhin eine Mitgliedschaft der Türkei in der EU verhindern. Doch ist die Haltung der Türken weithin unklar. In irgendeiner Seitenstaße kann man auf einer Seite ein Schaufenster mit dem Slogan »Die Herrschaft ist Gottes« und gegenüber eines mit der Aufschrift »Wir folgen dir, Vater (Atatürk)« sehen. Typische Mittelstands *istanbullus* haben sich Atatürks weltlichen Prinzipien verschrieben, und haben nichts gegen McDonalds oder den Minirock. Islamischer Konservativismus ist vor allem im Hinterland anzutreffen, hat sich aber in letzter Zeit überall ausgebreitet. Man

Ein byzantinisches Mosaik in Istanbuls Hagia Sophia.

Land und Leute

sieht mittlerweile immer mehr verschleierte Frauen, und die Zahl der neu eingeweihten Moscheen steigt. Die fundamentalistische Wohlfahrtspartei (Refah) erreicht bei Wahlen 20 Prozent.

Einen Teil des Frauenemanzipationsprogramms Atatürks stellte die Abschaffung des Schleiers für die Frauen dar. Obwohl derzeit eine Frau die Türkei regiert, gehört das Land weiterhin den Männern – was besonders in den »frauenfreien« Kaffeehäusern und Bars sichtbar wird. Frauen servieren nicht in Restaurants und sollen in der Moschee im Hintergrund bleiben. Umarmungen zwischen Männern in der Öffentlichkeit sind nichts Anstößiges, der körperliche (öffentliche) Kontakt zwischen den Geschlechtern wird hingegen normalerweise nicht akzeptiert. In abgelegenen Teilen Anatoliens gibt es immer noch Fälle von Polygamie.

Die größte soziale Herausforderung für die Türkei ist ihr gewaltiges Bevölkerungswachstum und die noch stets andauernde Landflucht. Land-

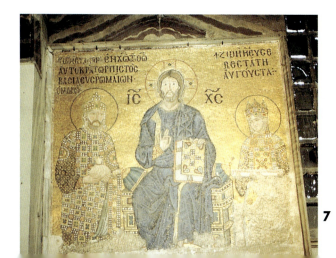

Land und Leute

arbeit ist nach wie vor weitgehend Handarbeit mit Eseln als einzigem Transportmittel, und die Bevölkerung lebt in primitiven Behausungen. Auf der Suche nach Arbeit verlassen Millionen von Bauern die armen östlichen Provinzen, die zum Teil auch Schauplatz des Kriegs zwischen der Regierung und der kurdischen Minderheit sind. Diese abgewanderten Bauern leben dann in sogenannten *gecekondu* – »in einer Nacht hochgezogenen« Blechdachhütten, die sich am Rand der großen Städte im Westen befinden.

Doch trotz aller dieser Gegensätzlichkeiten – Europa und Asien, Islam und weltlicher Staat, alt und neu, Land und Stadt – ist die Türkei ein beständiges Gefüge. Das Nationalbewußtsein ist hier fast mit Händen zu greifen und wird letztendlich von Atatürk verkörpert, dessen nicht nur mit Statuen in jedem Dorf, sondern auch mit Porträts beim Friseur und sogar in den Wohnzimmern gedacht wird. Am 10. November, seinem Todestag werden zu seinen Ehren die türkischen Fahnen gehißt und Militärparaden abgehalten. Um 9.05 Uhr starb er, und in diesem Moment hält das ganze Land den Atem an. Sein wohl berühmtester und oft zitierter Satz lautet: *Ne mutlu Türküm diyene* – Glücklich, wer von sich sagen kann »Ich bin Türke«.

Statuen von Atatürk schmücken jede Stadt der Türkei.

DIE TURKEI AUF EINEN BLICK

Geographie. Nur 3% des rund 780 000 km² großen Staatsgebiets liegen in Europa (Ostthrakien), der größte Teil (Anatolien, früher auch Kleinasien) gehört zu Asien. Das Binnenmeer zwischen Europa und Asien, das Marmarameer, mündet im Osten über die Meerenge des Bosporus ins Schwarze und im Westen über die Dardanellen ins Ägäische Meer. Die Türkei mißt in west-östlicher Richtung 1565 km, von Norden nach Süden 650 km. Drei Viertel der Grenzen sind Küsten: im Norden am Schwarzen Meer, im Westen an der Ägäis, im Süden am Mittelmeer. Höchste Erhebung: Ararat (5165 m). Der längste Fluß, der Kızılırmak, windet sich über 1355 km ins Schwarze Meer. Der Euphrat (*Dicle*) und der Tigris (*Fırat*) entspringen im Südosten der Türkei.

Bevölkerung. 60 Mio., von denen 40% auf dem Lande leben. Größte Städte: Ankara (Hauptstadt) 3,2 Mio.; Istanbul 10 Mio.; Izmir 2,7 Mio.; Adana 1,9 Mio.; Bursa 1,6 Mio; Antalya 1,1 Mio.

Staatsform. Parlamentarische Demokratie. Legislative ist die Große Nationalversammlung mit 450 Abgeordneten. Regierungschef ist der Premierminister. Die Türkei ist Natomitglied und Kandidat für die EU-Mitgliedschaft.

Wirtschaft. Das Schwergewicht verlagert sich zusehends von der Landwirtschaft auf die Industrie. Haupterzeugnisse der Landwirtschaft sind: Getreide, Hülsenfrüchte, Baumwolle, Tee, Tabak, Zitrusfrüchte, Gemüse, Obst und Haselnüsse. Der Viehbestand setzt sich überwiegend aus Schafen zusammen. Die wichtigsten Industriezweige sind landwirtschaftliche Maschinen, Autos und Textilien und die Verarbeitung von Agrarprodukten. 6,5 Mio. Touristen besuchten die Türkei im Jahre 1994 und sorgten für ein Viertel der türkischen Exporteinnahmen.

Religion. Etwa 99% Moslems; der Islam gilt jedoch nicht mehr als Staatsreligion.

Sprache. Türkisch, das mit einem modifizierten lateinischen Alphabet geschrieben wird. Wichtigste Fremdsprachen (besonders in Urlaubsgebieten) sind Deutsch (vor allem im Norden und Osten) und Englisch.

Geschichte

Die Republik Türkei ist ein junger Staat, doch die Geschichte des Landes reicht bis zu den Anfängen der Menschheit zurück.

Gerätefunde zeigen, daß Anatolien bereits in der Altsteinzeit zwischen 100 000 und 40 000 v. Chr. besiedelt war. Jahrtausende später, vor etwa 5000 Jahren, nahm das Bronzezeitalter im Bereich der Flüsse Nil, Euphrat und Tigris seinen Anfang. Bronzegegenstände in anatolischen Königsgräbern weisen in das 3. Jahrtausend v. Chr. zurück.

Etwa zur gleichen Epoche entwickelten die Sumerer in Mesopotamien Piktogramme (Bildsymbole) zur Keilschrift. Durch assyrische Händler gelangte die Neuerung etwa 1000 Jahre später nach Anatolien, wo die kulturell schon weit entwickelten Protohattier wohnten.

Die Hethiter

Die reichste aller assyrischen Siedlungen war das bei Kayseri gelegene alte Kanesch, das heutige Kültepe, eine der bedeutendsten Ausgrabungsstätten der Türkei. Tontafeln zeugen davon, daß gegen 1500 v. Chr. immer mehr Hethiter aus Richtung Kaukasus einwanderten. 200 Jahre später waren sie fest angesiedelt.

Die Hethiterzeit wird in drei Epochen gegliedert: das Alte Reich (um 1600–1450 v. Chr.), das Neue oder Großreich (1450–1200 v. Chr.) und das Späte Reich (1200–700 v. Chr.). In Hattuşaş dem heutigen Boğazköy, östlich von Ankara gelegen, entstand die erste Hauptstadt mit Befestigungsanlagen, Tempeln und einer Zitadelle aus dem 13. Jh. v. Chr. Ein Archiv beherbergte etwa 3350 Keilschrifttafeln.

Während der bedeutsamen Zeit des Großreichs besiegte um 1288 v. Chr. der Hethiterkönig Muwatallis bei Kadesch den ägyptischen Pharao Ramses II. Zu stolz, seine Niederlage einzugestehen, ließ der Pharao seinen »Sieg« sogar auf Obelisken einmeißeln. Er war aber vorsichtig genug, mit dem nächsten König, Hattusilis III.,

Geschichte

gut auszukommen. Bis etwa 1200 v. Chr. hielt sich die Macht der Hethiter und der Ägypter die Waage.

Das Reich zerbrach unter dem Ansturm der Phrygier und Achäer. Diese sogenannten Seevölker drängten die Hethiter nach Süden in die Berge, wo sie später den Assyrern erlagen, die diesmal nicht aufs Handeln, sondern aufs Herrschen aus waren.

Troja und die Zeit danach

Inzwischen hatte sich weit entfernt an der Ägäischen Küste manches ereignet. Die alten Griechen setzten den Fall Trojas als das Jahr Null ihrer Zeitrechnung an. Über die genauen Daten des Trojanischen Krieges streiten sich die Gelehrten noch, doch ist man sich allgemein darüber einig, daß Troja 1240 v. Chr. zerstört wurde.

Lange konnten sich die Mykener ihres Sieges über die Trojaner nicht erfreuen – ihre Kultur ging innerhalb der nächsten 100 Jahre unter. Nachdem die Dorier im Süden

Die Tiere, die das Löwentor in Hattuşaş bewachen, stammen aus dem 14. Jh. v. Chr.

Griechenlands Fuß gefaßt hatten, zogen Scharen von griechischen Festlandbewohnern über die Ägäis an die anatolische Küste. Zuerst besiedelten die Äolier den Küstenstrich nördlich des alten Smyrna. Dann ließen sich die Ionier weiter südlich zwischen Smyrna und dem Fluß Mäander nieder. Smyrna selbst war äolisch, später ionisch. Schließlich folgten die Dorier nach Karia südlich des Mäander.

In Ionien hatte sich inzwischen eine hochstehende Kultur entwickelt. Bis 800 v. Chr. hatten sich die zwölf wichtigsten Städte zum Ionischen Bund zusammengeschlossen, dem Smyrna später als dreizehntes Mitglied beitrat. Kunst, Wissenschaft und Philosophie blühten auf.

Reich wie Krösus

Im Landesinnern lebten die starken und reichen Lyder, die nach Westen zur Ägäischen Küste vorstießen und dort ihre Hauptstadt Sardes gründeten. Ihr berühmtester König Krösus verdankte seinen legendären Reichtum dem Gold aus dem Fluß Paktolos. Nach griechischer Überlieferung führte er als erster gemünztes Geld ein.

Geschichte

Zu seinem Unglück trieb ihn sein Ehrgeiz auch nach Persien, wo er eine Niederlage einsteckte. Bis nach Sardes verfolgt, mußte er miterleben, wie seine Stadt von Kyros dem Großen 546 v. Chr. geplündert wurde.

Nach der Verwüstung Lydiens wurden die griechischen Küstenstädte von den heranstürmenden Persern erobert. Ionien wagte den Aufstand, mußte 494 v. Chr. aber klein beigeben. Vom Erfolg beflügelt, wollte der Perserkönig Darius auch den Athenern, die Ionien unterstützten, den Garaus machen. Doch 490 wurde er in der Schlacht von Marathon geschlagen, und zehn Jahre später verlor sein Sohn Xerxes bei Salamis seine gesamte Flotte. Genau 365 Tage später wurde Xerxes Armee bei Plataa und seine neue Flotte bei Mykale besiegt. Die mutigen Küstenstädte schlossen sich im Attisch-Delischen Seebund zusammen und zahlten Athen für dessen Schutz gegen die Eroberer aus dem Osten Tribut. Am Ende des Peloponnesischen Krieges fiel die Führung des Seebunds Sparta zu. Doch die Perser brachten die griechischen Städte an der Ägäis schließlich doch noch in ihre Gewalt.

Alexanders Traum

Auf dem griechischen Festland gewann Makedonien im äußersten Norden an Einfluß; sein König Philipp II. strebte die Einigung aller Griechen an. Seine kühnsten Träume erfüllte erst sein Sohn Alexander, der 334 v. Chr. mit 24 Jahren den Hellespont (die heutigen Dardanellen) überquerte und die ganze ägäische Küste in Besitz nahm. Sein Siegeszug führte ihn weiter nach Syrien und Ägypten, und nach der Eroberung der persischen Hauptstadt Persepolis drang er bis nach Indien vor. Innerhalb von zwölf Jahren gründete er auf seinem unaufhaltsamen Weg nach Osten an

*E*ines der antiken Theater der westlichen Türkei, das Amphitheater von Priene.

GESCHICHTE AUF EINEN BLICK

Vorgeschichte

7000 v. Chr. Erste bekannte städtische Siedlung in Çatalhüyük.
3000 v. Chr. Erste Siedlung in Troya.
2500 Hattier in Anatolien.

Hethiter (2000–1200)

1900 Hethiter bauen ihre Hauptstadt Hattuşaş, heute Boğazköy.
1200 Invasion der Achäer und Phrygier führt zum Trojanischen Krieg. Hethiter weichen zurück; Hattuşaş fällt.

Griechen und Perser (1100–133 v. Chr.)

1050 Äolier, Ionier und Dorier aus Griechenland besiedeln die Küste.
900–700 Aufstieg der phrygischen, der lydischen, der karischen und der lykischen Kultur.
546 Letzter lydischer Herrscher Krösus greift Perser an. Kyros der Große besiegt ihn; nimmt die griechischen Städte an der Ägäis ein.
334–323 Alexander der Große erobert Persien und Kleinasien.
330–130 Blütezeit bedeutender Städte wie Pergamon, Ephesus.

Römer (133 v. Chr–476 n. Chr.)

133 Pergamon wird den Römern vermacht. Es entsteht die Provinz Kleinasien.
27 Römisches Weltreich, zu dem auch Kleinasien gehört.
40–56 n. Chr. Apostel Paulus bereist Kleinasien.
196 Septimius Severus besetzt das bislang unabhängige Byzanz.
284 Teilung des Römischen Reichs; Byzanz Hauptstadt der östlichen Hälfte.
306–337 Regierungszeit Konstantins. Das Reich wird geeint – Hauptstadt Konstantinopel. Das Christentum wird offizielle Religion.

395	Endgültige Teilung des Römischen Reichs.

Byzantinisches Reich (476–1453)

476	Rom fällt. Der östliche Teil überdauert als Byzantinisches Reich.
527–565	Goldenes Zeitalter unter Justinian dem Großen.
636–718	Araber erobern einen Teil des Byzantinischen Reichs und besetzen Konstantinopel zweimal.
1042	Seldschukische Türken vertreiben Byzantiner aus Kleinasien.
1096	Beginn der Kreuzzüge – europäische Christen bekämpfen die Seldschuken im Heiligen Land.
1204–1261	Kreuzfahrer besetzen Konstantinopel.
1326	Osmanische Türken nehmen Bursa ein und machen es zu ihrer Hauptstadt.
1453	Unter Mehmet II. fällt Konstantinopel an die Türken.

Osmanisches Reich (1453–1922)

1520–66	Goldenes Zeitalter unter Sulaiman dem Prächtigen.
1700–1800	Gebietsverluste durch europäische Kriege.
1853–1856	Franzosen und Briten kämpfen im Krimkrieg mit osmanischen Truppen gegen Rußland.
1914–1918	Osmanisches Reich im Ersten Weltkrieg auf Seiten der Mittelmächte.
1919–1922	Türkisch–Griechischer Krieg.

Moderne Türkei (1923 bis heute)

1923	Gründung der Republik Türkei. Mustafa Kemal Präsident. Ankara ist Hauptstadt.
1938	Kemal Atatürk stirbt.
1960	Staatsstreich der Armee und anschließende Wiedereinsetzung einer Zivilregierung.
1974	Einmarsch der Türkei auf Zypern.
1980	Unblutiger Militärputsch.
1984	Kurdische Arbeiterpartei (PKK) startet terroristische Aktionen im Südosten der Türkei.
1987	Türkei beantragt Mitgliedschaft in der EG.
1993	Tansu Çiller wird erste Premierministerin.

die 70 Städte. Er träumte von einem Weltreich – vergebens. Nach seinem Tod im Alter von nur 33 Jahren wurden die eroberten Gebiete unter Generälen aufgeteilt, deren Rivalitäten und Expansionsgelüste die Römer auf den Plan riefen. Von Alexanders Erbe blieb wenig, aber Großes: Griechisch setzte sich als Handels- und Kultursprache durch.

Die Römer kommen

Führend unter den Küstenstaaten war das von der Attalidendynastie regierte Pergamon. Ihr letzter König, Attalos III., ging als absonderliche Gestalt in die Geschichte ein: er vermachte sein ganzes Reich testamentarisch den Römern. So wurde Pergamon Hauptstadt des neuen römischen Reiches Asien. Mithradates VI., König von Pontus, versuchte der römischen Besetzung zu trotzen und befahl den Tod aller Römer in Asien, ungeachtet ihres Alters, Geschlechts oder Standes. Dieser Greueltat fielen 80 000 Menschen zum Opfer. Nach mehreren Feldzügen blieben die Römer jedoch Sieger.

27 v. Chr. kam Octavian, besser bekannt unter dem Namen Augustus, an die Macht und wandelte die Republik Rom in ein Kaiserreich um. Was folgte, ging als *Pax Romana* oder Römischer Friede in die Geschichte ein. Ganz Kleinasien (der römische Name für Anatolien) gehörte nun zum Römischen Weltreich. In den Militärbasen wurde Latein gesprochen und an der Küste Griechisch, während anatolische Sprachen unter der einheimischen Bevölkerung erhalten blieben. Die alten griechischen Städte wurden mit römischen Gebäuden »aufgemöbelt«.

Eine neue Religion sorgte für Unruhe. Der christliche Glaube stellte eine Bedrohung dar, da er die Heiligkeit der offiziellen Götter und des Kaisers in Frage stellte. Die Reisen des Apostels Paulus in den Jahren 40 bis 56 lüfteten den Schleier, der das Christentum umgeben hatte. Unterwegs gründete Paulus vielerorts christliche Gemeinden, darun-

Geschichte

ter die in der Offenbarung des Johannes genannten: Ephesos, Smyrna, Pergamon, Thyatira, Sardes, Philadelphia und Laodikeia.

Das goldene Byzanz

Byzanz, das heutige Instanbul hatte sich am Ufer des Bosporus und des Goldenen Horns völlig selbständig entwickelt. Wie die übrigen Küstenstädte hatte die Stadt die Macht Athens, Spartas, Persiens und Alexander des Großen erfahren. Sie versuchte zwar, sich von Rom zu befreien, konnte sich aber gegen die neue Herrin der Welt nicht behaupten. Im Jahr 196 n. Chr. fiel Byzanz Kaiser Septimius Severus in die Hände. Nach anfänglichen Strafaktionen gegen die Byzantiner erlag auch er dem Reiz der Stadt und begann, die Verteidigungswälle auszubauen.

Apostel Paulus predigte in der römischen Stadt Perge an der Küste des Mittelmeeres.

Höhepunkt byzantinischer Kunst: Das Anastasis-Fresko in der Istanbuler Kirche St. Saviour.

Eine Reihe unfähiger Herrscher leitete den allmählichen Niedergang des Römischen Reiches ein. Im Jahr 293 wollte Diokletian es durch eine Teilung wieder stärken. Er wurde Kaiser des Oströmischen Reiches mit Byzanz als Hauptstadt, Maximian Herrscher des Weströmischen Reiches – eine folgenschwere Entscheidung. Nachdem Diokletian und Maximian 305 abgedankt hatten, brach das Reich auseinander. Eine Zeitlang regierten Konstantin und Licinius in schönster Eintracht, dann verschlechterte sich ihr Verhältnis.

324 besiegte Konstantin, der die Christen unterstützte, seinen »ungläubigen« Bundesgenossen und vereinte das Reich wieder. Zur Hauptstadt erhob er Byzanz, das als Zweites Rom, später als Neues Rom bekannt und schließlich ihm zu Ehren in Konstantinopel umbenannt wurde. Die prunkvolle Einweihung fand 330 statt. Der

Geschichte

Kaiser ließ die Stadtmauern ausbauen. Der Mauergürtel umschloß sieben Hügel – nach dem Vorbild Roms. Der Kaiser starb als bekennender Christ.

In der christlichen Welt erlangte Konstantinopel eine Vormachtstellung, die es noch fast 1000 Jahre nach dem Fall von Rom im Jahr 476 behalten sollte – nicht ohne Konflikte, denn die Stadt war ständig von Invasionen bedroht und im Inneren politischen und religiösen Zwisten ausgesetzt.

Seine Blütezeit erlebte das Byzantinische oder Oströmische Reich (467–1453) im 6. Jh. unter Justinian dem Großen. Ein vorbildliches Gesetzeswerk, der Corpus Juris Civilis, wurde ausgearbeitet und das Reich bis nach Spanien, Italien und Afrika ausgeweitet. Die Förderung der Künste brachte auch wundervolle illuminierte Handschriften hervor. Im Zuge größerer Bauvorhaben entstand die unvergleichliche Hagia Sophia.

Nach dem Tode des Propheten Mohammed (632) führte der Vormarsch der Araber zur Bildung des Kalifenreiches. Syrien, Jerusalem und Ägypten wurden den Byzantinern rasch entrissen. Konstantinopel war zwischen 674 und 678 ernstlich bedroht, doch seine Verteidigungswälle hielten den Belagerungen stand. Das Byzantinische Reich schrumpfte nach dem Verlust Nordafrikas und Italiens weiter zusammen, lebte dann aber unter Basileios II. (976–1025) erneut auf. Ab 1042 verdrängten die aus Zentralasien vordringenden Seldschuken die Byzantiner aus Kleinasien, und die Normannen übernahmen Sizilien und Neapel: Das Reich zerfiel.

Trotz der Trennung der römischen und der griechisch-orthodoxen Kirche stand die westliche christliche Welt eher auf der Seite von Byzanz, als es galt, den »ungläubigen« türkischen Seldschuken zu trotzen. Sie überrannten Anatolien, bedrohten heilige Stätten der Christenheit und überfielen Pilger auf dem Weg nach Jerusalem. Der erste, siegreiche Kreuzzug sollte den Byzantinern helfen, den Muslimen das Heilige Land wieder zu entreißen. Doch im zweiten und dritten erlitten die Kreuzfahrer vernichtende Niederlagen. Der vierte Kreuzzug (ab 1202) richtete sich gegen Konstantinopel selbst, dessen Reichtum den Venezianern in die Augen stach. Die Stadt, die so vielen Angriffen widerstanden hatte, fiel der blinden Plünderungswut ihrer christlichen Glaubensbrüder zum Opfer. Die Kreuzfahrer regierten die Stadt von 1204 bis 1261; sie nannten ihren Staat Romania oder »Lateinisches Kaiserreich«. 1261 half die Laskaridendynastie in Nizäa (Iznik), ein Überbleibsel des Byzantinischen Reiches am gegenüberliegenden Ufer des Bosporus, der schwer angeschlagenen Stadt wieder auf die Beine. Konstantinopel hatte sich jedoch selbst überlebt und erlangte seine alte Pracht nie wieder.

Mehmet der Eroberer

Bis zum 15. Jh. hatten die Osmanen, von ähnlicher Herkunft wie die Seldschuken, ganz Anatolien außer Konstantinopel, das ihren Belagerungen standhielt, an sich gerissen. Die Tage Nizäas waren schon gezählt; 1330 nahm Orhan, der erste osmanische Sultan, die Stadt ein. Das nahe Bursa machte er zur Hauptstadt, die später nach Edirne, dem alten Adrianopel, verlegt wurde. Etwa ein Jahrhundert später setzte der junge osmanische Sultan Mehmet II. alles daran, das belagerte Konstantinopel von fremder Hilfe abzuschneiden: Er blockierte die Zufahrtswege und baute eine Festung auf der europäischen Seite. Danach wartete er in Edirne den Frühling ab.

Die Byzantiner versuchten das Goldene Horn mit einer über das Wasser gespannten Eisenkette abzuschirmen. Verzweifelt verstärkten sie die bislang verläßlichen Verteidigungswälle und harrten des Unvermeidlichen. Die Türken indes überlisteten die Belagerten, indem sie ihre Schiffe auf Gleitrollen über Land zogen und sie im Wasser zu einer Brücke für ihre Soldaten zusammenbanden. Am 29. Mai 1453 fiel der letzte Kaiser von Byzanz, Konstantin XI., in der Endschlacht, und am Mittag

Geschichte

hatte Mehmet die Stadt in seiner Gewalt. Seine erste Amtshandlung war, in der Hagia Sophia zu beten und sie zu einer Moschee zu erklären. Nach dreitägigen Plünderungen sorgte er für Ruhe und Ordnung, wobei er mit großer Milde und gesundem Menschenverstand vorging. Von nun an trug er den Beinamen »Fatih« – der Eroberer – und seine Hauptstadt wurde in Istanbul umbenannt.

Glanz und Niedergang

Hatte das Reich unter Mehmet schon fast ganz Griechenland, den südlichen Balkan sowie Anatolien geschluckt, so dehnte sein Enkel Selim die Grenzen noch weiter aus.

Die glanzvollste Epoche erlebte es unter Selims Nachfolger Sulaiman dem Prächtigen (1520–66); der mächtigste aller Sultane gelangte als »der Gesetzgeber« zu hohem Ansehen. Mit 25 bestieg er den Thron und führte während seiner 46jährigen Herrschaft, der längsten in der osmanischen Geschichte, das Reich zu großer Blüte, wovon die vielen prächtigen, von seinem Baumeister Sinan errichteten Moscheen zeugen.

1521 erstürmte Sulaimans Armee Belgrad. Acht Jahre später belagerte er Wien und eroberte den größten Teil Ungarns. 1522 unterwarf er Rhodos. Mitte des 17. Jh. erreichte

Fatih-Denkmal in Istanbul zum Gedenken an den Sieg Mehmets II. im Jahre 1453.

das Osmanische Reich seine größte Ausdehnung: Seine Grenzen verliefen von Batumi im äußersten Osten des Schwarzen Meeres bis nach Basra im heutigen Irak; ein schmaler Streifen am Roten Meer schloß Medina und Mekka ein. Ägypten befand sich in osmanischer Hand, ebenso die gesamte Ostküste des Mittelmeers samt Zypern. Griechenland war bereits alter Besitz, Kreta hatte sich ergeben. Im Norden gehörten die Insel Krim und ein Gebiet am Asowschen Meer zum Reich. Doch der beginnende Zerfall

Geschichte

Die Grabenkämpfe in Gallipoli gehörten zu den blutigsten des Ersten Weltkriegs.

war nun nicht mehr aufzuhalten – ein langer und sehr schmerzhafter Prozeß, der im Nahen Osten viele bis in die heutige Zeit ungelöste Probleme hinterließ.

Zu inneren Unruhen führten u.a. Revolten eines als *Yeniçeri* (neue Truppe) oder Janitscharen bekannten Elitekorps, das sich ursprünglich aus Kriegsgefangenen und später aus Knaben christlicher Herkunft rekrutierte, die in den Armeedienst gepreßt und zum Übertritt zum Islam gezwungen worden waren. Später verzichtete man auf die Zwangsaushebung, »Knabenlese« genannt, und so setzten sich die Janitscharen fortan aus Abenteurern verschiedenster Herkunft zusammen. Im ganzen Land gefürchtet und gehaßt, wurden sie so mächtig, daß sie das Sultanat praktisch bis Anfang des 19. Jh. beherrschten.

Der kranke Mann am Bosporus

1821 begann der elfjährige Kampf der Griechen um die Unabhängigkeit. Späte Versuche, das zerfallende Osmanische Reich durch Reformen zu einigen, wurden durch den Krimkrieg unterbrochen, in dem Briten und Franzosen die Türkei gegen Rußland unterstützten. 1876 war die Regierung bankrott. In Verkennung der Zeitumstände versuchte Sultan Abdülhamit II., seinem unter Schuldenlast gebeugten Land, dessen Bevölkerungsgruppen sich gegenseitig befehdeten, eine absolutistische Herrschaft aufzuzwingen.

Schließlich trugen Abdülhamits Reformen doch noch unverhoffte Früchte. Junge Armeeoffiziere und Akademiker begeisterten sich für westliche Ideale und europäische Literatur. Aus dem Kreis der jungen Intellektuellen erwuchs die zunächst geheime Bewegung der Jungtürken. In ihrem Zentrum Saloniki in Makedonien brach schließlich der Aufstand aus. 1909 wurde Abdülhamit ent-

Geschichte

thront und von seinem Bruder Mehmet V. abgelöst.

In den folgenden Balkankriegen verlor die Türkei Makedonien und Westthrakien. Im Ersten Weltkrieg stand sie auf der Seite der Mittelmächte. 1915 besiegten die Türken in Gallipoli die Allierten im Kampf um die Dardanellen. Nach dem Krieg mußten die Türken den Vertrag von Sèvres unterzeichnen, der das Osmanische Reich formell »beendete«. Griechenland wurden viele Konzessionen gemacht, Armenien sollte unabhängig werden, die Briten, Franzosen und Italiener durften die restlichen türkischen Gebiete besetzen. In dieser Zeit innerer Wirren und Streitigkeiten mit den in Anatolien lebenden Griechen und Armeniern, wie auch der Zwiste mit den Bündnismächten, machte ein Mann seinen Weg: Mustafa Kemal. Der aus bescheidenen Verhältnissen stammende Makedonier wurde zur charismatischen Figur der türkischen Nationalbewegung. 1920 wurde er zum Vorsitzenden der »Großen Nationalversammlung« gewählt. Von 1919 bis 1922 gelang es unter seiner Leitung, den Griechisch–Türkischen Krieg zu beenden und die Griechen zum Rückzug aus Anatolien zu zwingen.

Nun galt es, die religiösen Elemente in seiner Regierung zu besänftigen, als er das Sultanat auflöste, sprich Sultan Mehmet VI. absetzte. Letzterer symbolisierte die alte Personalunion von weltlicher und religiöser Macht. Ein heißes Eisen, das Kemal in einer Rede vor der Nationalversammlung mit gewohnter Energie anpackte: »…gewaltsam haben die Söhne der Osmanen die Herrschaft ergriffen… Jetzt hat sich die türkische Nation erhoben, um den Thronräubern Einhalt zu gebieten«.

Am 10. November des Jahres 1922 verließ der Sultan schließlich heimlich seinen Palast und begab sich auf ein englisches Kriegsschiff. Ein Kalif wurde zum religiösen Oberhaupt ernannt, dessen Befugnisse jedoch durch weltliche Gesetze streng geregelt waren. Ab 1924 existierte dieses Amt nicht mehr.

Geschichte

Ein moderner Staat

Der Lausanner Friede von 1923 erkannte die Souveränität der Türkei an und legte ihre neuen Grenzen fest. Griechenland und die Türkei tauschten ihre »heimatlosen« Angehörigen aus; Tausende mußten auswandern. Die Jahre 1925 bis 1935 war von durchgreifenden Reformen geprägt. Selbst im Osmanischen Reich war »Türke« ein Schimpfwort (etwa »Bauernlümmel«): nun sollten die Bauern ihr Recht erhalten. Mustafa Kemal – nun gewöhnlich als »Atatürk« (Vater der Türken) bezeichnet – verstaatlichte die Betriebe des Landes, führte die lateinische Schrift, die Gleichberechtigung der Frauen und den Gregorianischen Kalender ein, überarbeitete alle Gesetze und förderte Industrie und Landwirtschaft. Daß die Türkei sich zu einem modernen Staat voller Glauben an die Demokratie nach westlichem Vorbild entwickelte, ist weitgehend ihm zu verdanken. Als er 1938 starb, säumten Tausende die Strecke, auf der sein Sarg nach Ankara, der neuen Hauptstadt, überführt wurde.

Im Zweiten Weltkrieg blieb die Türkei neutral. 1950 kam die Demokratische Partei für zehn Jahre an die Macht, bis ein Militärputsch unter Führung eines »Komitees der Nationalen Einheit« die mit wachsenden wirtschaftlichen und sozialen Schwierigkeiten kämpfende Regierung stürzte. Eine fortschrittlichere Verfassung wurde 1961 in einer Volksabstimmung angenommen. Soziale Spannungen führten im September 1980 zu einem weiteren Militärputsch. Eine neue Verfassung schränkte die Freiheit der Parteien und das Streikrecht ein.

Turgut Özal, der als Premierminister die Industrialisierung der Türkei vorantrieb, folgte 1993 Tansu Çiller als erster weiblicher Premierminister der Türkei.

Das Land hat weiter mit schwerwiegenden Problemen zu kämpfen. Die Inflation nimmt zu, die Arbeitslosenquote ist hoch und der Krieg gegen die Kurden verschwindet nicht einfach von selbst.

Geschichte

Wachablösung vor dem Atatürk-Mausoleum, Ankara, für viele eine Art weltlicher Tempel.

Die Türkei steht vor der Frage, ob sie sich ost- oder westwärts wenden soll. Einerseits gewinnt der Islam als politische Kraft zusehends an Einfluß, besonders unter der moderaten, wenn auch potentiell fundamentalistischen Wohlfahrts- – *Refah* – Partei. Andererseits bemüht sich die Türkei schon seit langem um die EU-Mitgliedschaft, die ihr jedoch angesichts der Menschenrechtsprobleme und ihrer Kurdenpolitik bisher verweigert wurde. Mitte 1995 hat das Parlament die Abschaffung einiger undemokratischer Artikel in der noch aus Militärzeiten stammenden Verfassung beschlossen. Es bleibt das Problem der türkischen Besetzung Nordzyperns und die Tatsache, daß der Westen Mühe hat, sich von den Ängsten freizumachen, die eine Aufnahme von Moslems in den von der *Refah* sogenannten Christenclub hervorrufen.

Sehenswertes

Ein so großes Land wie die Türkei läßt sich in ein paar Wochen oder gar in ein paar Tagen weder erfassen noch besichtigen. Die Türkei ist ein Land für »Normaltouristen« und für solche, die ganz ausgefallene Ferien verbringen wollen. Etwa drei Viertel aller ausländischen Touristen halten sich Richtung Ägäis und Mittelmeer, an ziemlich verwestlichte Ferienzentren und Strandorte. Hier besteht zugleich aber auch eine unvergleichliche Konzentration von archäologischen Sehenswürdigkeiten. Allein für die Erforschung der 1600 km von Çanakkale bis Antakya müßte man einen Monat veranschlagen und hätte die Halbinseln noch nicht gesehen.

Bei Izmir teilt sich die etwas windigere, kühlere Ägäis in den ruhigen Norden und den Süden mit seinen großen Ferienorten und antiken Stätten. Der »Treffpunkt« von Ägäis und Mittelmeer ist zugleich der schönste Teil der Küste. Die Küstenlinie zwi-

*D*ie Halbinsel von Bodrum ist einer der schönsten Teile der Ägäischen Küste.

Sehenswertes

Wo gibt es die...?

schönsten Strände: Altınkum, Dalyan, Ölüdeniz, Patara, Side.
besten Möglichkeiten zum Bootfahren: Bodrum, Marmaris.
meisten Wassersportangebote: Gümbet, Bitez, Içmeler.
hübschesten Gegenden: Dalyan, Kalkan.
schönsten Sehenswürdigkeiten: Kuşadası, Dalyan, Side.
besten Diskos: Kuşadası, Bodrum.
ruhigsten Fleckchen: Halbinsel Bodrum, Turunç.

schen Bodrum und Kekova wird oft auch als die Türkise Küste bezeichnet; hier ist das Mekka der Bootssportler. Die sogenannte Türkische Riviera zwischen Kemer und Alanya verfügt über schöne Strände und jede Menge Antikes.

Nur wenige Touristen wagen sich weiter vor, nach Kilikien zum Beispiel oder Hatay, die eigentlich exotischen Ecken dieses Landes. Noch abenteuerlicher ist Zentralanatolien, das durch schiere Größe und Leere beeindruckt. Viele Besucher zieht es nach Kappadokien, wo man ohne weiteres eine Woche zubringen kann. In der gleichen Zeitspanne kann man aber auch ein Dreieck ausfahren und dabei die Hauptstadt Ankara mit ihrem Museum der Alten Zivilisationen (das beste Museum des Landes), die Hethiterstädte von Hattuşaş und das religöse Zentrum Konya besichtigen.

Von Nordanatolien aus könnten Sie zum Schwarzen Meer weiterfahren, das aber wegen seines recht regenreichen Klimas von den meisten Reisenden gemieden wird. Einen Anziehungspunkt gibt es aber auch hier: Trabzon, das alte Trapezunt.

Leider sind Ausflüge in den außerordentlich schönen und interessanten Ostteil von Anatolien zur Zeit wegen Kriegsgefahr und der Angst vor Terroranschlägen nicht oder nur sehr eingeschränkt möglich.

Weniger beeindruckend ist der Nordwestteil der Türkei – die sehr urbanisierte Marmaraküste und Ostthrakien, das kleine Stückchen Europa –, obwohl auch Edirne und Bursa sehr schön sind.

Aber keine Stadt kann sich mit istanbul vergleichen, das ein eigenes Urlaubsziel ist.

Istanbul

Das moderne Istanbul ist eine wuchernde Metropole mit über 10 Millionen Bewohnern und wird von der Bosporus-Meeresenge in zwei Teile geschnitten. Das historische Herzstück der Stadt liegt hingegen auf der kleinen Halbinsel am Südende der Meeresenge, der Serailspitze oder Saray Burnu. Diese strategisch günstig gelegene Landspitze wird auf drei Seiten vom Wasser geschützt – dem Marmarameer im Süden, dem Bosporus im Osten und dem Goldenen Horn im Norden, und zur vierten Seite hin von der Theodosianischen Stadtmauer aus dem 5. Jh. Auf sieben Hügeln ausgebreitet liegt die historische Altstadt, auch Stamboul oder Eski istanbul genannt, wo die reichsten Schätze der Stadt liegen: Hagia Sophia, der Topkapı-Palast, die Blaue Moschee, der Große Bazar, die Moschee Sulaimans und die Chora-Erlöserkirche.

Die neue Galata-Brücke spannt sich über das Goldene Horn und verbindet das alte Istanbul mit den neueren Vierteln von Beyoğlu. Hier finden Sie den Galata-Turm aus dem 14. Jh., die stimmungsvollen Läden, Cafés und Hotels von İstiklal Caddesi und dem Taksim sowie den prunkvollen Dolmabahçe-Palast.

DIE ALTSTADT – STAMBOUL

Sultanahmet-Viertel

Das Sultanahmet-Viertel beherrscht die Spitze des ersten der sieben Altstadthügel. Dort war der Sitz des alten Byzantium, das im 7. Jh. v. Chr. gegründet wurde. Hier lag auch das Verwaltungszentrum von Konstantinopel, der Hauptstadt des Byzantinischen

Sehenswertes

Imperiums, und hier ließen die siegreichen osmanischen Sultane ihre prächtigsten Paläste und Moscheen erbauen. Leider ist nur wenig aus byzantinischer Zeit erhalten, doch dieses Wenige gehört zu den eindrucksvollsten Gebäuden, die je errichtet wurden:

Während beinahe 1000 Jahren war die **Hagia Sophia** der größte Kirchenbau des Christentums, ein architektonisches Wunder, das der Welt die Macht des Byzantinischen Reiches vor Augen führen sollte.

Konstantin der Große soll 325 den Bau einer Basilika an der Stelle eines heidnischen Tempels befohlen haben. Nachdem diese zweimal abgebrannt war, ließ Kaiser Justinian sie zwischen 532 und 537 wieder instandsetzen und widmete sie der »Heiligen Weisheit« Gottes (griechisch: Hagia

---

Transportmittel in Istanbul

Mit dem **Taxi** gelangt man am leichtesten zu den entfernteren Sehenswürdigkeiten. **Busse** sind billig aber überfüllt. Die Fahrkarten bekommt man an den Zeitungsständen mit der Aufschrift »IETT bilet«. **Trams** fahren zwischen Sirkeci und Aksaray – mit Haltestellen in Sultanahmet und beim Großen Bazar – und entlang der İstiklal Caddesi vom Tünel bis zum Taksimplatz. Fahrkarten gibt es an den Haltestellen. Der **Tünel** ist eine kleine Untergrundbahn von der Galatabrücke zum unteren Ende der İstikal Caddesi; man kauft eine Art Jeton und steckt ihn das Drehkreuz. Die Sammeltaxis **dolmuş** sollten Sie einmal um des Vergnügens willen ausprobieren.

Eminönü ist Istanbuls **Fähr**hafen. Es gibt sechs Anlegestellen; der offizielle Stadtplan für Touristen gibt Auskunft über die Abfahrtsorte. Bosporus-Rundfahrten starten dreimal täglich vom dritten Landungssteg, Fähren zu den Prinzeninseln vom fünften. Fahrpläne hängen an den Fahrkartenschaltern aus, kaufen Sie Ihre Fahrkarte immer, bevor Sie an Bord gehen.

Sophia). Im Laufe der Jahrhunderte haben Änderungen und Reparaturen dem Bau etwas zugesetzt; zudem wurde die Kuppel schon bald durch Erdbeben beschädigt, und die notwendigen Verstärkungen verschönern sie nicht gerade.

Für das unbestritten zu den eindrucksvollsten Bauwerken aller Zeiten zählende Gebäude waren die besten Materialien gerade gut genug: besonders leichte Ziegel aus Rhodos für die riesige Kuppel, rote Porphyrsäulen aus Rom, Silber- und Goldarbeiten aus Ephesus, Ophikalzit aus Thessalien, weißer Marmor von den Marmara-Inseln und gelber aus Afrika. Im Inneren bedeckten leuchtende, vornehmlich goldene Mosaike über 16 000 m². Der letzte christliche Gottesdienst in der Hagia Sophia wurde am 28. Mai 1453 zelebriert, am Tag bevor Konstantinopel in die Hände der Türken fiel. Mehmet der Eroberer ließ das Gotteshaus sogleich in eine Moschee verwandeln und fügte das Minarett an der Südostecke hinzu. Meister Sinan verstärkte die Pfeiler im

Als er das erste Mal die Hagia Sophia betrat rief Justinian: »Salomon, ich habe dich übertroffen!«.

16. Jh., und Mitte des 19. Jh. folgten weitere Restaurierungsarbeiten. Unter Atatürk wurde die Hagia Sophia 1935 zum Museum erklärt.

Die besterhaltenen Mosaike sind auf der Galerie zu finden, die man über eine spiralförmige Rampe am Nordende des Narthex erreicht. An der Süd-

Sehenswertes

wand sieht man die berühmte Deesis, ein Mosaik aus dem 13. Jh., das Christus umgeben von Maria und Johannes dem Täufer darstellt. Auf anderen Mosaiken an der Ostwand sind Kaiser und Kaiserinnen abgebildet, die Jesus auf seinem Thron (links) und der Muttergottes mit dem Kind Gaben darbringen.

Bevor Sie die Hagia Sophia durch das Tor am Südende des Narthex verlassen, betrachten Sie das Mosaik aus dem 10. Jh. über der Tür: Es stellt den Kaiser und die Kaiserin dar, die Symbole der Hagia Sophia und Konstantinopels der Heiligen Jungfrau und ihrem Kind darbringen.

Die sechs schlanken Minarette der **Blauen Moschee** jenseits des Parks sind besonders attraktiv, wenn sie nächtens angestrahlt werden. Das auf türkisch *Sultan Ahmet Camii* (Moschee des Sultan Ahmet) genannte Gebetshaus wurde zwischen 1609 und 1616 für Sultan Ahmet I. erbaut. Im Innern wird sichtbar, woher die Moschee ihren Namen erhalten hat – die über 20 000 *Iznik*-Fayencen reflektieren azurblaues Licht aus den 260 Fenstern auf die stilisierten Lilien, Nelken und Rosen.

Der lange, schmale Park südwestlich der Hagia Sophia diente zu byzantinischen Zeiten als **Hippodrom** (*At Meydanı*) und trägt noch heute diesen Namen. Wie sein Vorbild,

Die Blaue Moschee, einst die kaiserliche Hauptmoschee der Stadt.

Moscheen, Moslems, Islam

Nichtmoslemische Besucher sind in den türkischen Moscheen durchaus willkommen. Für die richtigen Verhaltensregeln siehe S. 168. Alle Moscheen sind nach Mekka hin ausgerichtet, der Stadt, in der Mohammed, der Prophet und Begründer des Islam, etwa 570 n. Chr. das Licht der Welt erblickte. Die Ausrichtung nach Mekka wird durch den *mihrab* angezeigt, eine durch Schmuckziegel besonders hervorgehobene Gebetsnische. Rechts davon steht das Pult – *mimbar* –, von dem aus der Imam, der Prediger, jeden Freitag, dem Feiertag der Moslems, um die Mittagszeit seine Predigt hält. Das Dekor einer Moschee besteht immer aus arabischen Koranzitaten – der Koran ist das Buch der Mohammed übermittelten göttlichen Offenbarungen – und floralen oder geometrischen Mustern. Darstellende Kunst verbietet der Islam.

Traditionellerweise ruft der Muezzin die Gläubigen zum Gebet, heute besorgen dies allerdings meist ein Tonband und ein Lautsprecher, und zwar fünfmal am Tag – morgens (Sonnenaufgang), mittags, nachmittags, abends (Sonnenuntergang) und bevor die Gläubigen zu Bett gehen. Moslems brauchen zum Gebet keine Moschee aufzusuchen. Vor dem Gebet sind rituelle Waschungen vorgeschrieben. Soll das Gebet in einer Moschee stattfinden, waschen sich die Männer Füße, Hände, Arme und Gesicht am Brunnen (*adırvan*) vor der Tür, während die Frauen sich waschen müssen, bevor sie ihr Haus verlassen.

Das fünfmalige Gebet ist eine der Grundpflichten oder Fünf Säulen des Islam. Die übrigen vier sind: der Glaube an einen Gott, Allah, Fasten während der Tagesstunden des heiligen Monats Ramadan (*Ramazan*), Almosen verteilen, und, wenn irgend möglich, eine Pilgerfahrt nach Mekka.

Sehenswertes

der Circus Maximus in Rom, war es für Wagenrennen und öffentliche Veranstaltungen vorgesehen.

Auf der westlichen Seite des Hippodroms liegt das **Museum für Türkische und Islamische Kunst** (*Türk ve Islam Eserleri Müzesi*). Seine Sammlungen sind im İbrahim Paşa Sarayi untergebracht, dem nach umfangreichen Renovierungsarbeiten wiedereröffneten Palast von Sulaimans reichem Schwiegersohn. Man erhält einen unvergleichlichen Eindruck vom türkisch-islamischen Leben aus der Zeit vom 8. Jh. bis zur Gegenwart. Neben illuminierten Koranen, türkischen und persischen Miniaturen, Teppichen und Fayencen sind auch Gebrauchsgegenstände ausgestellt.

Jenseits des nördlichen Endes des Hippodroms erwartet den Besucher das **Yerebatan Sarayı** (unterirdischer Palast). Dieser erstaunliche Bau ist eine jener Zisternen, die Konstantinopels Wasserversorgung im Falle einer Belagerung sicherstellen sollten. Aquädukte brachten das Wasser aus den Wäldern nördlich der Stadt bis hierher. Man steigt in eine riesige, 140 mal 70 m große künstliche Höhle hinab, die im 6. Jh. unter Justinian durch Erweiterung einer von Konstantin dem Großen gebauten Brunnenanlage entstand. Die 336 gut erhaltenen byzantinischen Säulen mit korinthischen Kapitellen und die Ziegelsteingewölbe spiegeln sich seit beinahe 1500 Jahren im dunklen Wasser. Geht man in nördlicher Richtung über Alemdar Caddesi weiter, erreicht man den Topkapı-Palast. An seiner Westseite säumen drei Museen den ehemaligen fünften Hof. Der **Fayencen-Pavillon** (*Çinili Köşk*), wurde 1472 für Mehmet den Eroberer erbaut. Die außen angebrachten Fayencen stammen größtenteils aus der Seldschukenzeit, die wertvollen Keramiken im Innern zum Teil aus der gleichen Epoche aber auch aus den folgenden Jahrhunderten bis zu unserem.

Das **Altorientalische Museum** (*Eski şark Eserleri Müzesi*) beherbergt eine reiche

Istanbul

Sammlung von Grabungsfunden der alten Kulturen im Nahen und Mittleren Osten, darunter die babylonischen Ziegelfriese aus der Zeit König Nebukadnezars, (605-562 v. Chr.), Steinlöwen der Hethiter und eine Kopie des Vertrags von Kadesh, des ältesten erhaltenen Friedensvertrags von 1269 v. Chr.

Das ausgezeichnete **Archäologische Museum** (*Arkeoloji Müzesi*) wurde erst kürzlich erweitert, um Platz zu bieten für die Galerien zur Geschichte von Zypern, Syrien und Palästina, den Phrygiern, Trojanern sowie Anatolien von der Altsteinzeit bis zur Eisenzeit. Besonders sehenswert sind die Sarkophage von Sidon (Saida im Libanon), die sowohl klassische als auch ägyptische Stilelemente aufweisen. Der schönste ist der Alexander-Sarkophag.

Der **Topkapı-Palast** (*Topkapı Sarayı*) war jahrhundertelang Sitz der osmanischen Sultane. Mehmet der Eroberer begann den Bau 1462, der von jedem nachfolgenden Sultan erweitert und vergrößert wurde, bis schließlich diese Miniaturstadt mit Moscheen, Bibliotheken, Ställen, Küchen, der kaiserlichen Münzstätte, Schatzkammern, Waffensälen, Regierungsbüros und Audienzhallen sowie den privaten Gemächern des Sultans und seines Hofes entstanden war. Sultan Abdül Mecit zog 1853 in den Dolmabahçe-Palast, und 1909 wurde das Topkapı-Serail endgültig aufgegeben. 1924 baute man die Anlage in ein Museum um.

Planen Sie einen halben Tag für die Besichtigung ein. Wenn Sie es wirklich eilig haben, sollten Sie sich wenigstens den Harem, die Schatzkammer und den Pavillon des Heiligen Mantels ansehen und dies möglichst früh am Morgen.

Der Palast ist als eine Folge von Höfen angelegt, die miteinander durch Zeremonientore verbunden sind. Sie betreten den ersten Hof mit seinen palmenbestandenen Alleen durch das 1478 errichtete Kaisertor. Dieser Teil wird auch der Janitscharenhof genannt, nach der Leibgarde des Sultans, die sich hier jeweils ver-

Topkapi-Palast: ein prächtiger Anblick wie aus den Erzählungen von Tausendundeiner Nacht.

sammelte (*Yeni çeri* bedeutet »neue Armee«).

Kaufen Sie Ihre Eintrittskarte und gehen Sie durch das befestigte Tor des Heils, besser bekannt als Orta Kapı oder Mittleres Tor. Nur der Sultan durfte zu Pferd hier passieren. Der zweite Hof trägt auch den Namen **Diwanhof**, da hier der kaiserliche Rat (auch Diwan genannt) seines Amtes waltete. Vom Innern des Tores gehen fünf Straßen sternförmig weg.

Rechts liegen die enormen **Palastküchen**, die eine atemberaubende Sammlung an chinesischem Porzellan, europäischem Kristall und osmanischen Geräten und Geschirr beherbergen. Geradeaus kommen Sie zu den privaten Gemächern des Palastes und dem geschmückten Tor der weißen Eunuchen, das in den dritten Hof führt. Die Straße links führt zum Diwan-Turm (Divan Kulesi) mit dem Spitzdach und

ISTANBUL AUF EINEN BLICK

Vier Tage sollten Sie sich für das nachfolgend beschriebene Programm mindestens Zeit nehmen.

Hotels. Wenn Sie es sich leisten können, übernachten Sie im Pera Palas (siehe S. 44 und S. 173) oder im Yeşil Ev (siehe S. 173).

Essengehen. Gegen Sie ans Wasser zu den 50 dichtgedrängten Fischrestaurants in Kumkapı auf der Stambul-Halbinsel und zu den Fischerdörfern am Bosporus (siehe S. 182).

Besichtigung. *Topkapı-Palast*. Wundervolle Juwelen, geheiligte Objekte und der berühmte Harem. Täglich von 9.30 bis 17 Uhr (im Winter außer dienstags) geöffnet, Harem von 10 bis 12 und von 13 bis 16 Uhr (siehe S. 35).
Hagia Sophia (Ayasofya). Die großartigste der frühchristlichen Kirchen. Täglich außer montags von 9.30 bis 17 Uhr, Galerie 9.30 bis 11.30 und 13 bis 16 Uhr geöffnet (siehe S. 30).
Archäologisches Museum. Unzählige Altertumsfunde, unter anderem sehr schöne Sarkophage. Täglich außer montags von 9.30 bis 17 Uhr geöffnet (siehe S. 35).
Chora-Erlöserkirche. Mosaiken und Fresken aus der Blütezeit der byzantinischen Kunst. Täglich außer dienstags von 9.30 bis 17 Uhr geöffnet; (siehe S. 41).
Blaue Moschee (siehe S. 32) und *Sulaiman-Moschee* (siehe S. 40). Die herrlichsten Moscheen der Stadt. Täglich von Sonnenaufgang bis Sonnenuntergang geöffnet.
Dolmabahçe-Palast. Schöner Sultanspalast aus dem 19. Jh. am Bosporus. Täglich außer montags von 9 bis 16 Uhr geöffnet (siehe S. 45).
Yerebatan Sarayı. Eine unterirdische römische Zisterne, die vor allem ihrer Größe und ihrer Säulen wegen sehenswert ist. Täglich von 9 bis 18 Uhr geöffnet (siehe S. 34).

Einkaufen. Großer Bazar (siehe S. 38), Gewürzbazar (siehe S. 42) – täglich außer sonntags von 9 bis 19 Uhr geöffnet – und die Nebenstraßen zwischen den beiden Bazaren.

Nachtleben. Kabarett (siehe S. 128); von Juni bis September in der Blauen Moschee um 21 Uhr *Son et lumière*.

Sehenswertes

zum Ratsaal. Hier ist ebenfalls der Eingang zur Hauptattraktion des Palastes, dem Harem.

Der Ausgang aus dem Harem führt direkt in den **dritten Hof**, den man sonst durch das Tor der Weißen Eunuchen erreicht. Gerade nach dem Tor liegt der reich verzierte Thronsaal (Arz Odası), in dem der Sultan fremde Botschafter empfing. Rechts hinunter gelangen Sie zur **Schatzkammer**. Unbestrittene Höhepunkte bilden der von 49 kleineren Steinen umrahmte 86karätige sogenannte Löffelmacher-Diamant im vierten Saal der Schatzkammer, sowie natürlich der im zweiten Saal gebührend in den Mittelpunkt gerückte, aus dem gleichnamigen Film bekannte Topkapı-Dolch. Auf der anderen Seite des Hofes befindet sich der geschmückte **Pavillon des Heiligen Mantels**, der heilige Reliquien des Propheten Mohammed enthält, u.a. ein Barthaar des Propheten, Erde aus seinem Grab, sein Schwert und sein Kleid (der Heilige Mantel). Zum vierten Hof gehört eine Reihe malerischer Pavillons und Terrassen sowie ein Café, von dem aus man die beeindruckende Aussicht auf den Bosporus genießen kann.

Zum **Harem** gehören die privaten Gemächer des Sultans, seiner Mutter und seiner zahllosen Konkubinen und Frauen. Das dämmrige Labyrinth aus Treppen, Korridoren und Innenhöfen verbindet die prächtig ausgestatteten Gemächer des königlichen Haushaltes. Der Harem kann nur mit einer offiziellen 30minütigen Besichtigungstour besucht werden, bei der Sie etwa zwanzig der 300 Räume sehen können.

Innere und äußere Altstadt

Die breite, schnurgerade Straße mit der Straßenbahnlinie, die vom Sultanahmet-Viertel hinaufführt, ist *Divan Yolu* – schon in byzantinischer und osmanischer Zeit stolze Hauptstraße. Sie führt zum **Großen Bazar** oder bedeckten Markt (*Kapalı Çarşı*), dem größten bedeckten Markt der Welt mit 4000 Geschäften, Banken, Cafés und sogar einem Postbüro, die sich

Istanbul

unter den unzähligen Kuppeldächern in Gassen, an belebten Kreuzungen und Hauptstraßen aneinanderdrängen. Hier ließ Mehmet der Eroberer 1461 einen Markt anlegen, der nach mehreren Bränden und Erdbeben immer wieder aufgebaut wurde, zum letzten Mal 1954.

Es ist ziemlich einfach, sich im Bazar zurechtzufinden, da die meisten Straßen gitterförmig angelegt und dazu gut ausgeschildert sind. Vom Nuruosmaniye-Eingang führt die Hauptstraße durch die Juweliersboutiquen hindurch zum **Beyazıt-Tor**. Rechts davon ist der Eingang zum **Sandal Bedesten** (16. Jh.) mit den Ziegelsteingewölben, die auf massiven Steinsäulen ruhen. Im Zentrum des Bazars liegt der älteste Teil, der **Alte Bedesten**, in dem vor allem wertvolle Gold- und Silberwaren sowie Kupferwaren und Antiquitäten gehandelt werden. (Die wertvollsten Güter werden traditionellerweise im Bedesten verkauft, da er nachts abgeschlossen werden kann.)

Vom Beyazıt-Tor am Ende der Hauptachse (*Kalpakcılar Başı Caddesi*) aus führt eine geschäftige Straße zu den Gemüse- und Blumenständen. Leseratten finden ihr Paradies, wenn sie rechts abbiegen und die erste Treppe hinauf zum **Büchermarkt** (*Sahaflar*

*D*er Große Bazar, der Dutzende von Erdbeben und Feuersbrünsten überstanden hat.

Fresken in der Chora-Erlöserkirche, ein Anblick von atemberaubender Schönheit.

Çarşısı) steigen. Hinter dem Büchermarkt liegt der große Platz **Beyazıt Meydanı** vor dem Eingang zum Universitätsgelände. An Wochenenden wird hier ein bunter Flohmarkt abgehalten. Die Nordostseite beherrscht die von Sultan Beyazıt im 16. Jh. erbaute Moschee **Beyazıt Camii**. Der Bau ist das älteste Beispiel der klassischen osmanischen Architektur, inspiriert von der Hagia Sophia.

Nüchtern in ihren Konturen und harmonisch in ihren klassischen Proportionen thront die in den Jahren 1550 bis 1557 von etwa 5300 Arbeitern erbaute **Süleymaniye Camii** (Sulaimanmoschee) majestätisch über dem Goldenen Horn. Die Moschee ist ein Tribut an das »Goldene Zeitalter« des Osmanischen Reichs und verdankt ihre Entstehung zwei genialen Männern – Sultan Sulaiman und seinem Hofarchitekten Sinan. Sulaiman, der türkisch den Beinamen *Kanuni* (der Gesetzgeber) trägt, regierte von 1520 bis 1566, als das Reich seinen Höhepunkt an Wohlstand und Macht erreichte.

Unweit von der Süleymaniye überspannen die stolzen Reste des **Valens-Aquädukts** (*Bozdoğan Kemeri*) aus dem

Istanbul

2. Jh. den Atatürk Bulvarı. Kaiser Valens ließ ihn im 4. Jh. ausbessern; seitdem wurde er immer wieder restauriert und bis ins 19. Jh. benützt. In seiner besten Zeit versorgte er eine zentrale Zisterne mit Wasser, zuerst für die Kaiserpaläste, später für das Topkapı. Die eindrucksvolle **Theodosianische Landmauer**, deren Anfänge ins 5. Jh. zurückgehen, reicht mit einer Länge von 6,5 km vom Marmarameer bis zum Goldenen Horn. Besonders interessant ist die alte Festung **Yedikule** (Sieben Türme) am Südende. Dazu gehört auch das **Goldene Tor** (*Almkapı*), der Triumphbogen der byzantinischen Kaiser, der noch älter ist als die Stadtmauer und reich verziert mit Marmorreliefs und Goldinschriften.

Die ehemals christliche **Chora-Erlöserkirche**, Kariye Camii wurde restauriert und dient seit 1958 als Museum mit wunderschönen Fresken und Mosaiken. Zur Zeit ihrer Entstehung befand sich die Kirche außerhalb der Stadtmauer, daher der griechische Name *Chora* (»auf dem Lande«). Am ältesten ist der überwölbte Mittelteil aus dem Jahr 1120. Die Kirche wurde zu Beginn des 14. Jh. umgebaut unter der Leitung von Theodoros Metochites, einem Staatsmann und Kunstliebhaber. Er änderte nichts am Mittelteil und fügte wahrscheinlich nur den Exonarthex (äußere Vorhalle) und das Parekklesion (Seitenkapelle) hinzu. Die Mosaiken und Fresken stammen möglicherweise von derselben Künstlerhand und sind zeitgleich mit Giottos Werken in Padua aus den Jahren 1310-1320. Manche Kenner schreiben sie dem Griechen Theophanes zu. Die Feinheit der Farben, die Lebendigkeit des Ausdrucks und die ausgeprägten, lebensechten Gesichtszüge aller Figuren zeugen von der letzten Blüte der byzantinischen Kunst. Die Kirche wurde 1511 in eine Moschee umgewandelt, blieb aber abgesehen von einem Minarett und einigen zugemauerten Fenstern so gut wie unverändert. Die Mosaike sind in verzählende Zyklen eingeteilt, die das Leben Christi und Mariä

Sehenswertes

beschreiben. Die Fresken befinden sich im Parekklesion, das sich über die gesamte Länge des Bauwerks erstreckt und in byzantinischer Zeit als Grabkapelle diente. In der Wölbung der Apsis prangt eine prachtvolle Auferstehung (*Anastasis*), die von Kunsthistorikern als »wahrscheinlich das Meisterstück christlicher Kunst« bezeichnet wird.

Das Goldene Horn (*Haliç*)

Diese träge, schmutzige Wasserstraße trägt ihren poetischen Namen heute leider nicht mehr zu recht. Doch das **Eminönü-Viertel** ist der stimmungsvollste, temperamentvollste Teil Istanbuls, ein Verkehrsknotenpunkt, der Busse, Fähren, Straßenbahn und Bahnlinien miteinander verbindet. Der große Platz jenseits des Brückenkopfs der Galatabrücke wird von der **Yeni Camii** (Neue Moschee) beherrscht. Sie wurde 1597 im Auftrag der Mutter Mehmets III. begonnen und erst 1663 vollendet, was sie zur jüngsten der klassischen Moscheen Istanbuls macht.

Der große Durchgang rechts von der Moschee führt in den berühmten **Gewürzmarkt**, auch **Ägyptischer Bazar** (*Mısır Çarşısı*) genannt. Im Innern ist die Luft erfüllt mit Gerüchen von Ingwer, Pfeffer, Safran, Eukalyptus, Jasmin, Weihrauch, Zimt, Muskat,

Gewürze – in jedem türkischen Markt ein Erlebnis, das Auge und Nase erfreut.

Rosenwasser und frisch gerösteter Kaffee. Der L-förmige Komplex hat 88 Läden, von denen viele nach wie vor nur Gewürze, Kräuter und pflanzliche Präparate verkaufen; die Mehrheit der Stände bietet jedoch auch getrocknete Früchte und Nüsse, *Lokum* (türkisches Konfekt), frische Früchte und Blumen, Apfeltee und Haushaltsgeräte an.

Wenn Sie den Gewürzmarkt durch das Tor am Ende der ersten Gasse verlassen und rechts abbiegen, kommen Sie zur **Rüstempaşa Camii** (Rüstem-Pascha-Moschee), deren Minarette hoch über der engen Nebenstraße aufragen. Dies ist eines der kleineren Werke Sinans, und eines seiner schönsten. Der Innenraum ist beinahe zur Gänze mit wundervollen Iznik-Fayencen geschmückt.

Auf der stromaufwärts gelegenen Seite der Galata-Brücke legen die Fähren ab, die Sie in einer halbstündigen Fahrt am Goldenen Horn vorbei zum Vorort **Eyüp** bringen. Hier befindet sich eines der verehrtesten Heiligtümer des Islams: die **Eyüp Sultan Camii**. Sie wurde an dem Ort errichtet, an dem Eyüp Ensari, der Bannerträger des Propheten Mohammed, geboren wurde. Er starb mit der Flagge in der Hand während der arabischen Belagerung Konstantinopels (674-678). Nach der Eroberung 1453 entdeckte man das Grab, und Mehmet der Eroberer ließ an der Stelle einen Schrein errichten, den man 1458 durch die erste in Istanbul erbaute Moschee ersetzte. In der Folge suchte jeder Sultan bei seiner Thronbesteigung Eyüp Camii auf, um sich zeremoniell mit Osmans Schwert zu gürten. Die ursprüngliche Moschee fiel 1766 einem Erdbeben zum Opfer; der heutige Bau stammt aus dem Jahr 1800. Das von einem goldenen Gitter umfriedete Grab Eyüp Ensaris gegenüber der Moschee ist reich geschmückt mit Gold, Silber und farbigen Fayencen.

DIE NEUE STADT

Die Nordküste des Goldenen Horns war traditionellerweise der Teil Istanbuls, wo sich

Sehenswertes

fremde Händler, Handwerker und Diplomaten seit dem 11. Jh. niederließen, als im Galata-Viertel eine genuesische Handelskolonie errichtet wurde. Der **Galata-Turm** (*Galata Kulesi*) wurde zu ihrem Schutz auf dem höchsten Punkt der Stadtwälle erbaut. Der Blick aus dem Restaurant ganz oben gehört zu den schönsten über Istanbul.

Galata und das darüberliegende Pera (heute Beyoğlu)-Viertel bildeten während der osmanischen Ära den europäischen Teil der Stadt. Auf der **İstiklal Caddesi**, der ehemaligen Grande Rue de Pera, die im späten 17. Jh. mit palastartigen Botschaftsgebäuden der fremden Mächte gesäumt war, verkehren restaurierte Straßenbahnen (Baujahr 1920). Die Paläste haben zwar überlebt, wurden jedoch zu Konsulaten degradiert, als Ankara 1923 Landeshauptstadt wurde. Dazu haben sich Wohngebäude aus der Jahrhundertwende und moderne Restaurants und Geschäfte gesellt. Die Straße ist heute eine Fußgängerzone, in der sich einige der stilvollsten Cafés der Stadt befinden. Wenn Sie an der Galtasaray-Kreuzung links abbiegen und beim britischen Konsulat wieder links in die Meşrutiyet Caddesi gehen, gelangen Sie bald zum **Pera Palas Hotel**, das 1892 für die Reisenden des Orientexpreß erbaut wurde. Seine schäbige Pracht steigert nur den Charme der Hallen. Der alte Aufzug bringt Sie auf die zweite Etage, wo die einst von Atatürk bewohnte Suite in ein Museum umgebaut wurde.

İstiklal Caddesi endet am **Taksim Meydanı** (Taksimplatz), dem Mittelpunkt des modernen Istanbul, umgeben von neuen Fünfsternehotels. Weitere Hotelkomplexe gibt es nördlich, in Nişantaşı, dem schicksten Viertel Istanbuls.

Das nahegelegene **Militärmuseum** (*Askeri Müze*) zeigt unter anderem die massive Kette, die die Byzantiner über das Goldene Horn spannten, um fremden Schiffen die Einfahrt zu verwehren, feindliche Kanonen und Banner, das Sultanszelt, Uniformen, Waffen und Geschütze von den frühesten Tagen des Reichs bis zur

Neuzeit. Die Hauptattraktion sind jedoch die Konzerte der *Mehter Takımı*-Kapelle, einer Neuauflage des Janitscharen-Musikkorps der osmanischen Armee (täglich außer montags und dienstags um 15 Uhr).

AM BOSPORUS

Der Bosporus ist die enge Wasserstraße, die das Schwarze Meer mit dem Marmarameer verbindet und die den europäischen Teil der Türkei von ihrem großen asiatischen Hinterland trennt. Der Kanal schlängelt sich 30 km zwischen den beiden Kontinenten hindurch, durchschnittlich nur 2 km breit, bei Rumeli Hisarı sogar nur 750 m.

Der Name Bosporus ist der mystischen Gestalt Io entliehen, der durch die Meeresenge schwamm, nachdem er von Zeus in eine Kuh verwandelt worden war (Bosporus heißt auf griechisch »Furt des Ochsen«). Jason und die Argonauten überquerten den Kanal auf ihrer Suche nach dem Goldenen Vlies, die Armee des Perserkönigs Darius errichtete auf ihrem Feldzug 512 v. Chr. eine Brücke aus Booten.

Dreimal täglich legen Fähren von Eminönü ab zu Bosporus-Rundfahrten mit Halt in Beşiktaş, Kanlıca, Yeniköy, Sarıyer und Anadolu Kavağı.

Beşiktaş ist die Haltestelle für den **Dolmabahçe-Palast** (*Dolmabahçe Sarayı*), der 1853 fertiggestellt wurde und Sinnbild sein sollte für den Glauben an die Zukunft des Sultanreiches, jedoch ein Monument der Torheit und Extravaganz wurde. Sein Bau leerte die kaiserliche Schatzkammer fast ganz. Es gibt zwei Führungen durch den Palast: durch die öffentlichen Räume (*Selamlık*) bzw. durch den *Harem* (Privatappartements).

Richtung Norden erhebt sich der eindrucksvolle **Çırağan-Palast** (heute ein Luxushotel, siehe S. 172), dann taucht das Dorf **Ortaköy** mit der barocken Moschee am Ufer auf. Darüber spannt sich die erste, 1973 fertiggestellte Brücke zwischen Asien und Europa, die **Bosporusbrücke**. Auf der asiatischen Seite kann man die Sommer- und Jagdresidenz

Sehenswertes

von Sultan Abdül Aziz, den **Beylerbeyi-Palast** (1865), besichtigen. Weiter nach Norden an den eleganten Vororten Arnavutköy und Bebek vorbei gelangt man alsbald zur riesigen Festung **Rumeli Hisarı** (auf der europäischen Seite der zweiten Brücke), die 1452 von Mehmet II. im Hinblick auf den bevorstehenden Endangriff auf Konstantinopel in nur vier Monaten Bauzeit errichtet wurde.

Auf der gegenüberliegenden Uferseite steht die etwas kleinere, 1390 erbaute Festung **Anadolu Hisarı**. Jenseits der Fatih Sultan Mehmet-Brücke legt das Schiff auf der asiatischen Seite bei dem Dorf **Kanlıca** an, bekannt für sein ausgezeichnetes Yoghurt. Am oberen Abschnitt des Bosporus reihen sich malerische Fischerdörfer aneinander – **Tarabya**, **Sarıyer** und **Rumeli Kavağı**.

Direkt gegenüber von Stamboul liegt Üsküdar, Europäern besser unter dem Namen Scutari bekannt. Die Fähre ab Eminönü fährt am **Kız Kulesi** (Jungfrauenturm) vorbei, auf einer kleinen Insel ungefähr 200 m von der Küste entfernt gelegen. Im 12. Jh. stand hier eine byzantinische Festung, der heutige, im 18. Jh. entstandene Bau hat als Leuchtturm, Zollbüro und zuletzt als Schiffskontrollturm gedient. Wenn Sie die Fähre verlassen, kommen Sie zuerst auf Üküdars Hauptplatz, İskele Meydanı. Beachten Sie unter den vielen historischen Gebäuden die **İskele Camii**, die 1548 von Sinan für Mihrimah, die Tochter Sulaimans, entworfen wurde, und die **Yeni Valide Camii** aus dem frühen 18. Jh. Westlich des Platzes steht die ebenfalls von Sinan erbaute **Šemşi Paşa Camii** (1580). Scutari wird mit dem Namen von Florence Nightingale in Verbindung gebracht. Während des Krim-Krieges (1854-56) richtete sie ein Spital in den **Selimiye Barracks** (*Selimiye Kışlası*) ein. Heute bildet ein Teil davon ein Museum.

DIE PRINZENINSELN

Mit der Fähre nur eine Stunde von Eminönü entfernt liegen die Prinzeninseln, auf türkisch

Thrakien und Marmara

Der »Europäische Fuß« der Türkei ist ein kleiner Teil des einstigen römischen Thrakiens, das seine heutigen Grenzen nach dem Ersten Weltkrieg erhielt, als es zwischen Griechenland, Bulgarien und der Türkei aufgeteilt wurde. Der türkische Abschnitt ist eine weite Tiefebene mit Sonnenblumen– und Getreidefeldern.

einfach *Adalar* (»die Inseln«). Der Archipel aus neun Inseln südwestlich von Istanbul im Marmarameer wird seit byzantinischen Zeiten von Klostergemeinschaften bewohnt und bot entthronten Herrschern Exil. Kaiser Justinian II. baute im 6. Jh. einen Palast auf der größten Insel, die daraufhin schlicht *Prinkipo* (»Prinzeninsel«) genannt wurde, eine Bezeichnung, die später auf die ganze Inselgruppe übertragen wurde.

Das beliebteste Eiland ist **Büyükada** (»Große Insel«) mit einem Städtchen und einem malerischen Kloster. Wenn Sie eine Inseltour auf einem *Fayton* (Wagen) unternehmen möchten, gehen Sie bis zum Uhrturm, biegen dort links ab und kommen so zum Standplatz der Droschken. Die Fähre legt auch bei den kleineren Inseln **Kinaliada**, **Burgazada** und **Heybeliada** an.

Ferienhäuser wohlhabender Türken mit ihren üppigen Gärten auf den Prinzeninseln.

Sehenswertes

EDIRNE

Diese lebhafte, aktive Grenzstadt ist Innerthrakiens einzige Sehenswürdigkeit. Die Osmanen tauften das byzantinische Adrianopel in Edirne um, nachdem sie die Stadt 1361 erobert hatten. 91 Jahre lang war Edirne Hauptstadt und Ausgangsbasis für die Eroberung Konstantinopels. Die wichtigsten Bauwerke Edirnes wurden jedoch erst 1574 errichtet. Der berühmte Architekt Sinan betrachtete **Selimiye Camii** als sein Meisterwerk. Die Moschee ist mit ihren vier schlanken Minaretten mit über 70 m Höhe nach der Mekkas die höchste der Welt. Durchschreiten Sie den Innenhof mit seinem delikaten *şardırvan*-Brunnen und lassen Sie den Innenraum auf sich wirken. Die gewaltige Kuppel ruht auf rot-weißen Bögen. Besonders schön gearbeitet ist die Loge des Sultans, sowie der wundervolle *mimbar* (siehe S. 33) aus einem einzigen Stück Marmor. In der einstigen *medrese* (Koranschule) der Moschee befindet sich heute das **Museum für Türkische und Islamische Kunst**. Unterhalb der Selimiye Camii breitet sich die Altstadt aus. Die älteste Moschee von Edirne, **Eski Camii** (1414), ist mit schönen kalligraphischen Ornamenten geschmückt. Die 14 Miniaturkuppeln des **Bedesten** (Markthalle) erheben sich dahinter: eine Spezialität sind Seifen in Früchteform. Auf der

*D*ie vier Minarette von Selimiye Camii, mit 71 m die höchsten außerhalb Mekkas.

Thrakien und Marmara

anderen Seite des Hauptplatzes steht **Üç Šerefeli Camii** (1447), die »Moschee mit den drei Galerien«, deren größtes Minarett in der Tat drei Galerien aufweist; beachten Sie die völlig andere Struktur der drei übrigen Minarette. Die Hauptstraße wird vom **Semiz Ali Paşa Çarşışı** gesäumt, einem bedeckten Bazar.

Versuchen Sie, genügend Zeit für die Besichtigung des 100-kuppligen osmanischen »Gesundheitszentrums« einzuplanen. **Beyazit Külliye** (1488) liegt nordwestlich des Stadtzentrums.

GALLIPOLI (*Gelibolu*)

Die Halbinsel Gallipoli (*Gelibolu Yarımadası*) nördlich der Dardanellen war Schauplatz einer der spektakulärsten Kämpfe des Ersten Weltkrieges. Der Angriff der Alliierten, darunter Australier, Briten, Neuseeländer und Franzosen, hatte zum Ziel, die eisfreie Wasserstraße unter Kontrolle zu bekommen, um den Nachschub nach Rußland sicherzustellen und eine neue Front gegen die Deutschen errichten zu können.

Die erste Landung am 25. April 1915 stieß auf den erbitterten Widerstand der Türken, die unter der Führung des Generals Mustafa Kemal standen. Den Alliierten gelang es zwar, eine Stellung auf der Halbinsel einzunehmen, doch dann verfestigten sich die Fronten und ein neunmonatiger Grabenkrieg voller Leiden und Grauen setzte ein. Schließlich waren auf beiden Seiten 250 000 Tote und Verletzte zu beklagen. Am schlimmsten betroffen waren die *Anzacs* (»Australia and New Zealand Army Corps«), und der Strand, an dem sie damals landeten, wurde später zu ihren Ehren **Anzac-Bucht** (*Anzak Köyü*) benannt.

Die ganze Halbinsel bildet eine große **nationale Gedenkstätte** mit Schildern, die den Verlauf der Kämpfe festhalten, und Denkmälern für die alliierten und türkischen Soldaten. Jeder Friedhof ist beschildert und alle Gräber sind sorgfältig gepflegt und mit Blumen geschmückt.

Sehenswertes

Zur Erforschung der Halbinsel startet man am besten von **Gelibolu**, einem malerischen Fischerdorf auf der europäischen Seite der Dardanellen, oder von **Çanakkale** auf der asiatischen Seite aus. Es gibt Fähren und geführte Touren für nichtmotorisierte Besucher.

Der lebhafte Hafen von Çanakkale liegt an der engsten Stelle der Wasserstraße. Hier errichtete der Perserkönig Xerxes 480 v. Chr. eine schwimmende Brücke, um Griechenland zu erobern. 334 v. Chr. tat Alexander der Große es ihm gleich – um Asien zu erobern.

Das **Armee- und Marinemuseum** von Çanakkale zeigt Relikte aus der Schlacht von Gallipoli, unter anderem die Uhr, die Mustafa Kemal das Leben rettete. Im **Archäologischen Museum** finden sich sehr gut präsentierte Exponate aus Troja.

TROJA (*Truva*)

In Troja gibt es zwar nicht sehr viel zu sehen, aber dafür um so mehr Erinnerung und Mythologie. Der genaue Standort der legendären Stadt blieb unklar, bis ein Amateurarchäologe mit einer besonderen Liebe für Homer 1871 mit Ausgrabungen begann. Heinrich Schliemann fand tatsächlich die sagenumwobene Stadt und entdeckte dabei den »**Schatz des Priamos**«, neben den Stadtmauern. Er schmuggelte den Schmuck und das Gold nach Deutschland, wo es während des Zweiten Weltkrieges verschwand und schließlich 1993 auf dramatische Art und Weise in Moskau wieder auftauchte.

Archäologen haben bis heute neun übereinanderliegende Städte ausgegraben, angefangen mit Troja I, einer Siedlung aus der Bronzezeit (3000–2500 v. Chr.), bis hin zur hellenistischen und römischen Metropole, die unter dem Namen *Ilium Novum* bekannt war, aus der Zeit 334 v. Chr. bis 400 n. Chr.

An der Stätte selbst erwartet den Besucher eine moderne Nachbildung des Trojanischen Pferdes. Von der Zitadelle auf einer kleinen Anhöhe hat man einen schönen Blick auf die Ebene, auf der die griechische

Thrakien und Marmara

Armee ihr Lager aufgeschlagen haben soll.

Im Dorf **Tevfikiye** gibt es gleich zwei Schliemann-Häuser mit Ausgrabungswerkzeug und alten Fotos.

Weiter im Süden liegt die Hügelstadt **Assos** mit Ruinen hellenistischer Befestigungsanlagen und des ältesten erhaltenen dorischen Tempels. Darunter liegt das hübsche Dorf **Behramkale**.

BURSA

Die historische Stadt Bursa liegt verstreut an den bewaldeten Hängen der Uludağ (Großen Berge) südlich des Marmarameeres. Ihre Gründung geht auf König Pruisas I. im 3. Jh. v. Chr. zurück, nach dem sie auch benannt wurde. 1326 fiel das schmucke Städtchen in die Hände Orhan Gazis und wurde erste Hauptstadt des neuen Osmanischen Reiches. Obwohl ihm Edirne 1362 und anschließend Istanbul diesen Rang ablief, blieb Bursa mit seinem reichen Erbe religiöser Architektur eine weiterhin bedeutende Stadt – der Gründer des Osmanischen Reichs und fünf seiner Nachfolger liegen hier begraben. Anziehend sind aber auch die Warmwasserquellen, der interessante Markt sowie die Wälder und Skipisten der nahegelegenen Uludağ.

Die berühmteste Sehenswürdigkeit ist das **Yeşil Türbe** (Grüne Mausoleum), das seinen Namen von den wundervollen Fayencen der Außen- und Innenwände erhalten hat. Es beherbergt den Sarkophag Mehmets I. (Herrscher von 1413 bis 1421), der mit blau-gelb-grün-türkisfarbenen Iznik-Fayencen reich verziert ist. Die **Yeşil Camii** (Grüne Moschee) etwas unterhalb wurde 1419 für Mehmet I. errichtet. Da der Bau einer Moschee traditionellerweise nach dem Tod des auftraggebenden Sultans abgebrochen wurde, blieb sie unvollendet, und die grünen Fayencen, die einst die Kuppel und Minarette schmückten, sind inzwischen verschwunden. Hingegen hat das Innere nichts von seiner atemberaubenden Schönheit eingebüßt.

Sehenswertes

In der *Medrese* neben der Moschee befindet sich das **Museum für Türkische und Islamische Kunst** (*Türk ve İslam Eserleri Müzesi*), in dem die interessanten Karagöz-Schattenpuppen zu sehen sind.

Für die Ende des 14. Jh. entstandene **Ulu Camii** (Große Moschee) verwendete man Steine vom Uludağ-Gebirge. Zwanzig Kuppeln auf zwölf riesigen Säulen überwölben die rechteckige Grundfläche – der Einfluß der Hagia Sophia ist unleugbar. Ein Bogengang führt vom Zentrum des Platzes in die **Koza Hanı**, einer Karawanserei mit Säulengängen aus dem 15. Jh., dem Zentrum von Bursas Seidenkokonmarkt. Im Juni kann man den Händlern beim Sortiern und Verkaufen der Kokons zusehen; die übrigen Stände bieten ein verführerisches Angebot an Tüchern, Schals und Seidenstoffen. Dahinter öffnet sich der **Überdachte Markt** Bursas mit einem phantastisch reichhaltigem Angebot, der verglichen mit den Märkten Istanbuls erfrischend untouristisch ist.

Einen der schönsten Ausblicke über die Stadt hat man vom Terrassenpark des **Hisar** (Festung), in dem die **Gräber** Osman Gazis und seines Soh-

Thrakien und Marmara

nes Orhan Gazi liegen. Osman Gazi war der Begründer der osmanischen Dynastie, die das Reich 600 Jahre lang regierte.

Weitere kaiserliche Gräber sind im **Muradiye-Komplex** zu besichtigen, inmitten eines friedlichen Rosengartens mit einer Moschee. Der erdgefüllte Sarkophag von Sultan Murat II. (Herrscher 1421-51) liegt unter einer Öffnung in der Kuppelkrone, damit das Grab vom Regen gewaschen wird. Ganz in der Nähe steht ein **Osmanisches Haus aus dem 17. Jh.**, das renoviert und für die Öffentlichkeit zugänglich gemacht wurde.

Die schönsten Hotels Bursas finden sich im schicken **Çekirge-Viertel**, das schon seit römischen Zeiten für seine heißen Quellen bekannt ist. Einige Hotels (wie das Çelik Palas, siehe S. 172) verfügen über ihre eigenen Bäder. Außerdem gibt es das Alte und das Neue Bad, **Yeni Kaplıca** und **Eski Kaplıca** – byzantinische Bäder, die während der osmanischen Epoche restauriert wurden und etwa so angelegt sind wie türkische Bäder.

IZNIK

Wenn man aus Bursa kommt, nimmt sich dieses verschlafene Landstädtchen am See eher entspannend aus. Einst hieß es Nizäa und war eine große römische Stadt, wo zwei ökumenische Konzile (325 und 787) stattfanden, die für die weitere Entwicklung des Christentums von fundamentaler Bedeutung werden sollten. Nizäa war von 1204 bis 1261 Hauptstadt des Königreichs Byzanz. Seit dem 15. Jh. ist Iznik berühmt für Keramik, was auf die Wiederansiedelung 500 persischer Töpfer zurückzuführen ist.

Die vollständig erhaltenen byzantinischen **Stadtmauern** lassen die einstige Pracht der Stadt erahnen. Einen Besuch wert ist die **Hagia Sophia**, in der das Zweite Ökumenische Konzil abgehalten wurde.

Yeşil Bursa (das grüne Bursa) und die Uludağ-Berge vom Terassenpark der Festung.

Sehenswertes

Einige Freskenreste sind noch zu sehen, sonst ist die Kirche eine Ruine. In der ehemaligen Suppenküche der **Yeşil Camii** (Grüne Moschee) ist heute ein sehr gutes **Archäologisches Museum** untergebracht.

Ägäische Küste

Die türkische Ägäisküste war eine der bevölkerungsreichsten Gegenden der antiken Welt. Griechische Einwanderer siedelten sich in der nördlichen Ägäis, dem späteren Äolien, an. Südlich von Izmir entstanden die ionischen Städte, deren Reichtum den des griechischen Mutterlands und später auch den des übrigen römischen Reiches in den Schatten stellte.

NÖRDLICHE ÄGÄIS

Nordägäische Urlaubszentren

Hauptort der Gegend, wenn auch relativ unbedeutend, ist **Ayvalık**, das sich hinter endlosen Olivenhainen versteckt. Verfallene griechisch-orthodoxe Kirchen beherrschen die recht holprigen Gäßchen dieses alten osmanischen Hafens. Nach dem türkischen Unabhängigkeitskrieg 1922 wurde die ursprüngliche griechische Bevölkerung vertrieben und die Stadt war befreit, was jedes Jahr im September aufs neue mit nationalem Selbstbewußtsein gefeiert wird. Von hier aus starten Boote zu attraktiven Zielen, wie dem griechischen Lesbos oder den beliebten Fischrestaurants der mit dem Festland durch einen Damm verbundenen Insel **Alibey** (Cunda), 6 km südlich der Stadt. **Sarımsaklı** ist ein schöner Sandstrand der leider durch die häßlichen Hotels dahinter an Attraktivität einbüßt.

Im geruhsamen **Foça**, das weiter im Süden an der Küste liegt, machen Türken und Ausländer Ferien. Eine genuesische Festung beherrscht den Doppelhafen des einstigen Phokäa, dessen Seeleute Herodot als »die ersten Seeleute der Griechen« beschrieb. Der Name der Stadt und ihre Tierstatuen erklären sich aus den

Ägäische Küste

vorgelagerten Inseln, deren Form an Robben (griechisch *phoce*) erinnert.

Pergamon (*Bergama*)

In den letzten beiden vorchristlichen Jahrhunderten und später unter den Römern, denen die Stadt durch den exzentrischen Attalus III. übereignet wurde, war Pergamon die blühendste Stadt ganz Kleinasiens und zählte 150 000 Einwohner, etwa dreimal soviel wie das heutige Bergama. Planen Sie einen ganzen Tag für den Besuch der beiden archäologischen Stätten, der Basilika und des Museums ein.

Beeindruckendste Sehenswürdigkeit ist die **Akropolis**, die man über eine gewundene Straße vom rückwärtigen Teil der Stadt aus erreicht. Überreste von Tempeln, Gymnasien, Brunnen, Agoren, Palästen und Häusern sind in etwas bizarrer Weise auf künstliche Terrassen verteilt. Deutsche Archäologen haben in jahrelanger Arbeit genug ausgegraben, um einen Eindruck von der Größe der antiken Stadt zu vermitteln. Unter anderem wurde der Trajanstempel mit seinen weißen Marmorsäulen teilweise rekonstruiert. Er steht über einem Theater, das in den Steilhang hineingehauen wurde. In der Nähe befand sich die Bibliothek Pergamons – mit 200 000 Büchern war sie nach der Alexandrias die zweitgrößte. *Pergament* – Tierhäute werden so bearbeitet, daß sie beschrieben werden können – stammt von hier.

Auf dem Weg zur Akropolis kommen Sie an der monumentalen **Roten Basilika** (*Kızıl Avlu*) vorbei, einem ursprünglich den ägyptischen Göttern geweihten, römischen Bauwerk, das von den Byzantinern dem Apostel Johannes gewidmet wurde. Heute befindet sich eine Moschee in einem der Türme.

Obwohl sich die wichtigsten Funde Pergamons in Berlin befinden, hat auch das **Archäologische Museum** im Stadtzentrum viele Beispiele von Weihgeschenken für Asklepios, den Gott der Heilkunst, zu bieten. Sie stammen aus den **Asklepion** im Süden Berga-

Sehenswertes

mas. Dies war im 2. Jh. n. Chr. das wichtigste Heilzentrum der damaligen Welt. Wenn Sie dem Heiligen Weg folgen, erreichen Sie zu Ihrer Linken die dem Asklepios und dem Telesphoros geweihten Tempel. Hier pflegten die Patienten sich im Traum die göttliche Diagnose einzuholen. Ein unterirdischer Tunnel führt vom Telesphoros-Tempel zu einer noch sprudelnden, heiligen Quelle und zu einem Theater – Entspannung war ein Teil der Therapie.

IZMIR UND UMGEBUNG

Izmir (*Izmir*)

Der erste Eindruck von der drittgrößten Stadt der Türkei und dem zweitgrößten Hafen des Landes ist der einer modernen Industriestadt, deren unvergleichliche Lage an einer 50 km langen Bucht durch den Gestank verschmutzten Wasser ziemlich beeinträchtigt wird. Sieht man genauer hin, entdeckt man einen wundervollen Bazar und gute Museen, genug, um sich einen halben Tag hier aufzuhalten.

Alles Sehenswerte liegt in der Nähe des **Konak Meydanı**, des Hauptplatzes der Stadt mit einer Miniaturmo-

*D*er korinthische Trajantempel zu Ehren Trajans und Hadrians aus dem 2. Jh. v. Chr.

schee aus dem 18. Jh. und einem 1901 errichteten maurischen Uhrturm, dem Wahrzeichen der Stadt. Der **Bazar** dahinter blieb als einziger verschont von dem drei Tage dauernden Brand am Ende des türkischen Unabhängigkeitskriegs. Hier gibt es im wesentlichen Alltägliches, wenn man einmal von den Lederwaren absieht. Für touristischen Schnickschnack begibt man sich am besten zu der hübschen osmanischen Karawanserei, Kızlarağası Hanı.

Nicht weit vom Bazar entfernt in östlicher Richtung liegt die **Agora** aus dem 2. Jh. Man hat etwas Mühe, sich angesichts der noch vorhandenen Überreste vorzustellen, daß dies das wirtschaftliche Zentrum der bedeutenden römischen Stadt Smyrna war. Eine kurze Taxifahrt bringt den Besucher zu der von Alexander dem Großen errichteten Burg **Kadifekale**. Von hier genießt man einen herrlichen Blick auf die Agora, den Konak-Platz, die Bucht und die Fähren im tiefblauen Wasser. Vom Meer her gesehen glitzern und funkeln die Lichter der Stadt nachts wie ein Diadem.

Auf dem Hügel südlich des Hauptplatzes liegt das **Archäologische Museum**. Interessanter ist jedoch das **Volkskundemuseum** gegenüber, wo beispielsweise die Einrichtung traditioneller Häuser rekonstruiert wurde. Außerdem wird der Besucher über lokale Kamelkämpfe informiert.

Manisa und Sardes

Manisa, früher Magnesia ad Sipylum, war im 13. Jh. kurze Zeit Hauptstadt des Byzantinischen Reiches, als der Kaiser vor den Kreuzrittern hierher flüchtete. Die Ureinwohner aus Magnesia in Nordgriechenland behaupteten, die ersten Griechen Asiens gewesen zu sein. Antike Überreste gibt es so gut wie keine, wohl aber drei schöne osmanische Moscheen.

Im 16. Jh. waren die späteren Sultane Sulaiman der Prächtige und Murat III. hier Gouverneure. Die große Moschee **Sultan Camii** im Stadtzentrum wurde zu Ehren von Sulaimans Mutter errich-

Sehenswertes

tet. Ende März finden hier Feierlichkeiten für eine besondere Medizin statt, die der Sultansmutter das Leben gerettet haben soll. Das Innere der Moschee ist ziemlich karg gehalten, während die Außenmauern mit Szenen aus dem Stadtleben bemalt sind. Die **Muradiye Camii** wurde von dem großen Architekten Sinan erbaut. Besonders sehenswert sind *mimbar* und *mihrab* (siehe S. 33) sowie die Iznik-Kacheln und die Glasfenster. In der danebenliegenden Suppenküche befindet sich heute ein **Archäologisches Museum** mit schönen Mosaiken aus Sardes. Die dritte Moschee, **Ulu Camii**, die sich auf dem Hügel über dem Museum befindet, ist die älteste (sie wurde 1366 fertiggestellt). Beachten Sie vor allem die byzantinischen Kapitelle, die aus einer anderen Kirche stammen, die man hier in den Bau integriert hat.

Sardes (100 km östlich von Izmir), die Hauptstadt des Lyderreiches, war einst die reichste Stadt der Welt. So verwundert es nicht, daß die Lyder das Münzgeld einführten. Sie prägten einen Löwenkopf, das königliche Emblem ihrer Stadt, auf ihre Münzen. Unter ihrem letzten König Krösus (560-546 v. Chr.) war das Geld sogar aus lauterem Gold und Silber. Das Gold lieferte der Fluß Paktolos; der griechische Geschichtsschreiber Herodot berichtet, daß sich Goldkörner in den Schaffellen verfingen, die man an einer seichten Stelle des Flusses auslegte. Angeblich kam der Reichtum des Flusses von dem Bad, das König Midas hier genommen haben soll, um seinen »goldenen Finger« loszuwerden. Die Perser überfielen Sardes und beendeten somit die Herrschaft von Krösus und der lydischen Monarchie. Heute kann man hier zahlreiche römische und byzantinische Funde und Ruinen besichtigen.

Hinter Sartmustafa liegen der große Komplex der Römischen Bäder mit seinem Marmorhof, eine Einkaufsstraße und die größte alte Synagoge der Welt (3. Jh.) Besonders eindrucksvoll sind die Ruinen des **Artemistempels** im Süden der Stadt.

Südliche Ägais

Çeşme

Auf der gabelförmigen Halbinsel westlich von Izmir liegt ein wahres Juwel, das Städtchen Çeşme, zu erreichen mit dem Auto oder nach einstündiger Schiffahrt von der griechischen Insel Chios aus.

Die feinen **Sandstrände** befinden sich alle außerhalb der Stadt – der schönste ist Altınkum.

Zu besichtigen gibt es nicht viel: eine kleine Genueserfestung aus dem 14. Jh., und daneben eine ziemlich große Karawanserei.

Machen Sie auf dem Weg Richtung Süden einen Umweg über **Sığacık**, einen hübschen kleinen Hafenort mit einem baufälligen Schloß. Das nahegelegene **Teos** war einst eine bedeutende ionische Stadt. Heute kann man lediglich die Ruine eines Dionysostempels besichtigen.

*F*ischerboote liegen Seite an Seite mit Jachten in Çeşmes Hafen.

SÜDLICHE ÄGÄIS

Kuşadası

Wieder einmal ein Fischerdorf, das zu einer Art Jetset-Ort geworden ist. Kuşadası bedeutet »Vogelinsel« und bezieht sich auf ein kleines Kap. Abgesehen von einer Festung auf Güvercin Adası und einer aus dem 17. Jh. stammenden, zu einem Hotel umgebauten

Sehenswertes

Karawanserei findet man wenig Sehenswertes, dafür umso mehr Nachtlokale und Läden. Wenn Sie den Pinten, Bars und lauten Lokalen entfliehen wollen, besuchen Sie eines der zu Restaurants umgebauten osmanischen Herrenhäuser (siehe S. 184). Die Strände außerhalb der Stadt sind besser als das, was unter dem gleichen Namen in Kuşadası selbst geboten wird: **Ladies' Beach** liegt etwa 3 km entfernt. Hier gibt es auch ruhigere Unterkünfte. Noch feiner ist der **Pamuca-Strand**, 15 km nördlich. Ebenfalls empfehlenswert sind die Buchten am Rande des Nationalparks **Dilek Yarımadası Milli Parkı**, 25 km Richtung Süden.

Ephesus (*Efes*) und Selçuk

Nur 17 km landeinwärts von Kuşadası liegt Ephesus, eine der am besten erhaltenen und meistbesuchten antiken Stätten der Ägäis. Der Name Ephesus verbindet sich seit der Antike mit dem Artemis (Diana)-Kult, der bald mit dem Kult der klei-

Südliche Ägais

nasiatischen Fruchtbarkeitsgöttin Kybele verschmolz. Der **Artemistempel** war dreimal so groß wie Athens Parthenon und gehörte zu den Sieben Weltwundern – die spärlichen Überreste links der Straße nach Selçuk können diesen Eindruck leider nicht mehr vermitteln. Ephesus gehörte zu den ersten von Paulus gegründeten Christengemeinden.

Noch vor dem 10. Jh. v. Chr. von den Ioniern gegründet, die diesem Küstenteil seinen alten Namen gaben, wurde Ephesus nacheinander vom Lyderkönig Krösus, dem Perserkönig Kyros und den Attaliden, den Königen von Pergamon, und schließlich von den Römern regiert. In ihrer Glanzzeit zählte die Stadt 200 000 Einwohner. Ihre Größe war allerdings mit dem Hafen verbunden. Als dieser im 3. Jh. versandete, »versank« auch die Stadt. Erst 1869 wurde sie nach sechsjähriger Suche wiederentdeckt. Die meisten Ruinen stammen aus der römischen Kaiserzeit.

Der Rundgang (rechnen Sie mit mindestens drei Stunden und denken Sie an Hut und Wasserflasche!) beginnt gewöhnlich am **Magnesischen Tor** und führt Sie zunächst zur **Agora**, dem Zentrum der Stadt. Hier steht das guterhaltene **Odeion** mit einem kleinen Amphitheater und gleich daneben das **Prytaneion** oder Rathaus, wo die beiden Artemisstatuen des hiesigen Museums gefunden wurden. Auf der marmornen **Kuretenstraße** geht es weiter zum Domitianstempel und dem schön restaurierten **Hadrianstempel**, die den beiden vergöttlichten Kaisern gewidmet waren. Der große Komplex daneben beherbergte die **Scholastika-Thermen** einschließlich eines Freudenhauses, dessen Eingang an der Südseite der Marmorstraße lag. Achten Sie auf die Wegweiser im Pflaster.

Die herausgeputzte **Celsus-Bibliothek** hatte ein römischer Konsul im 2. Jh. als Grabstätte für seinen Vater errichten las-

Kieselstrand im Nationalpark auf der Halbinsel Dilek.

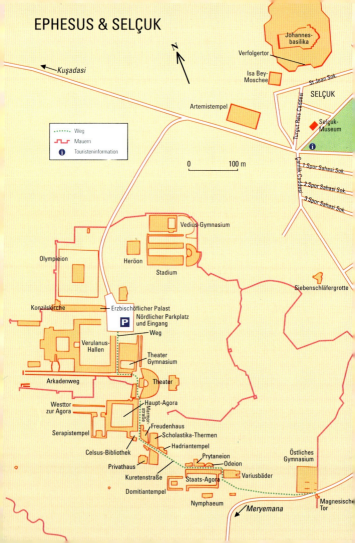

Südliche Ägais

sen. Luftkanäle hinter den Nischen hielten die Schriftrollen trocken. Ein großes Tor führt zur **Großen Agora**, die heute nicht viel mehr ist als ein großer Steinhaufen. Folgen Sie der **Marmorstraße** zu dem in eine Flanke des Berges Pion gebauten **Großen Theater**, das 25 000 Menschen Platz bot. Theater- und Musikaufführungen finden noch heute viel Anklang. Von hier verläuft die prachtvolle **Arkadiane** zum Hafen. In römischen Zeiten gab es hier Säulengänge, Mosaikpflaster und Straßenbeleuchtung (die nur drei Städte der Antike besaßen). Von der Arkadiane führt ein baumbestandener Weg zum zweiten Eingang, näher bei Selçuk.

In Selçuk begeben sich Pilger zunächst zur **Johannes-Basilika** aus dem 6. Jh. Sie steht an der Stelle, wo der Apostel seine letzten Jahre verbrachte und starb. Unterhalb des Hügels liegt die **Isa-Bey-Moschee** (1375). Das Kastell hoch oben stammt aus byzantinischer Zeit. Das **Museum** ist schon wegen seiner beiden Artemisstatuen sehenswert.

Außerhalb der Stadt liegt auf dem früher als Koressos bezeichneten Berg (heute Bülbüldağı) das **Haus Mariens** (Meryemana), in dem Maria zuletzt gelebt haben soll. Die Fundamente stammen höchstwahrscheinlich aus dem 1. Jh.

*D*ie Mehrzahl der Fresken im Portal von Hardians Tempel sind Kopien.

Sehenswertes

und wurden vor etwa 100 Jahren durch die Visionen der Nonne Anna Katharina Emmerich entdeckt. Seit langem ist das Haus ein Wallfahrtsort.

Südlich von Kuşadası

Eingebettet in die »Baumwollebene« zwischen Bodrum und Kuşadası liegen drei antike Stätten für deren Besichtigung man einen Tag benötigt.

Priene, einst ein bedeutender Hafen des Ionischen Städtebundes, liegt heute infolge der Verlandung durch den Mäander etliche Kilometer vom Meer entfernt. Trotz römischer Zutaten ist es im Grunde eine griechische Stadt, deren schachbrettartiger Grundriß besonders auffällig ist. Vom großen **Athenatempel** stehen noch einige ionische Säulen. Alexander der Große fand 334 v. Chr. den Tempel unvollendet vor und veranlaßte seine Fertigstellung. Weitere bedeutende Gebäude sind das Theater, ein Zeustempel, das Bouleuterion (Rathaus) und etwas oberhalb das Heiligtum der Demeter und Kore (Persephone), die älteste heilige Stätte in Priene.

Milet blickt heute nur noch auf verlassene Sümpfe hinab, in denen bei Anbruch der Nacht Frösche ihren Trauergesang anstimmen – zum Untergang der früheren Hochburg eines der wichtigsten Häfen der griechischen Welt. Im 8. und 7. Jh. v. Chr. gründete Milet an die hundert Kolonien. Im Laufe der Zeit hat sich die Landschaft stark verändert, und so stehen viele Ruinen oft unter Wasser. Doch das **griechisch-römische Theater** entschädigt für vieles. 15 000 Zuschauer fanden hier Platz, und die überwölbten Gänge sind erstaunlich gut erhalten. Von der byzantinischen Festung aus hat man einen schönen Blick über die Anlage.

Didyma (Didim) besitzt nur ein Monument, den Apollotempel. Hier stand nie eine Stadt, nur der wegen seines Orakels berühmte kolossale Tempel, einer der größten und elegantesten der Antike. Als die Perser 494 v. Chr. Milet zerstörten, verschonten sie auch den Tempel in Didyma

Südliche Ägais

nicht. Die Aufbauarbeiten zogen sich über Jahrhunderte hin, kamen aber, wie man an einigen nicht kannelierten Säulen erkennen kann, nie zum Abschluß. Das Orakel von Didyma war besonders berühmt und wurde von einer Priesterin verkündet, nachdem sie Dämpfe eingeatmet oder von einer Quelle getrunken hatte – möglicherweise vom Brunnen im von hohen Mauern umgebenen Innenhof, der im hinteren Teil des Tempels liegt.

Wenn sie vor allem auf Strandurlaub aus sind und ihn mit Kindern verbringen wollen, sollten Sie sich nach **Altınkum** (4 km südlich von Didyma) begeben. Die große sandige und geschützte Bucht ist ideal für Familien mit Kindern. Von hier aus starten täglich Boote nach Bodrum.

Bodrum und Umgebung

Bodrum hebt sich malerisch gegen ein Meer von fast unglaublichem Blau ab. Die weißen, von Bougainvillen umrankten Flachdachhäuser gleissen in der Sonne. Schnittige Luxusjachten drängen sich in den Häfen dicht an dicht, durch die Straßen sieht man junge Leute aus aller Herren Länder ziehen, die mit Tanz und Musik die Nacht zum Tage machen. Hier, im »St. Tropez« der Türkei, weht ein unverkennbarer Hauch der großen weiten Welt.

Das alte Bodrum hieß Halikarnassos und war Hauptstadt der ehemaligen Provinz Karien sowie Geburtsort Herodots, des »Vaters der Geschichtsschreibung«. Mausolos war der berühmteste Herrscher, sein Mausoleum (daher der Name) eines der Sieben Weltwunder. Das **Mausoleum** ist, abgesehen von Resten des Theaters und der Stadtmauer, der einzige Zeuge des Altertums, und auch davon bleibt nur ein Freilichtmuseum. Es wurde um 355 v. Chr. noch unter seinem Namensgeber begonnen.

Johanniter lasen die durch Erdbeben verstreuten Steine des Mausoleums auf und bauten damit im 15. Jh. das **Kastell St. Peter**, das die Stadt und den Hafen überragt. Die

Sehenswertes

heute als Museum dienende Festung entstand, nachdem Tamerlan die Johanniter aus Smyrna vertrieben hatte. Die Türme des Kastells passen zu dem bunt zusammengewürfelten Orden: Englischer, Französischer, Deutscher und Italienischer Turm.

Bodrum selbst ist zum Baden weniger geeignet, aber in der Umgebung – auf der Bodrum-Halbinsel – gibt es sehr schöne Strände, wie in der britischen Enklave **Gümbet**, 3 km westlich, und bei **Bitez**. Auch sonst ist die mit Windmühlen, *gümbetler* und Zisternen bestandene Halbinsel sehr attraktiv. Leider ergreift der Massentourismus langsam auch von so ruhigen Orten wie **Ortakent**, **Turgutreis** und **Yalıkavak** Besitz. **Gümuşlük** ist ein kleines Dorf mit vielen Fischrestaurants und Ferienhäuschen sowie einem schönen Strand. In der Nähe der vorgelagerten Insel befinden sich versunkene Überreste des antiken Myndos. In **Türkbükü** liegen die Speiseräume der Restaurants auf kleinen Pontons im Wasser.

Marmaris und Umgebung

Marmaris liegt etwas zurückgesetzt an einer fjordartigen, mit Nadelbäumen bestandenen Bucht. Von den Bäumen sieht man allerdings nicht mehr viel, denn der Ort ist in den letzten Jahren gewaltig gewachsen.

Die Stadt ist klar in zwei Teile geteilt. Der Hafen, heute der größte Jachthafen der Türkei, war groß genug, um die Flotte Sulaimans des Prächtigen oder die Nelsons aufzunehmen. Eine Flotte von Kreuzern läuft jeden Morgen zu den verschiedenen schönen Fleckchen an der Küste aus – manche Schiffe fahren bis Dalyan (siehe S. 70) – aus. Eine ganze Zeile von Restaurants zieht sich den Hafen entlang.

So schön die Aussicht von den Zinnen der von Sulaiman errichteten kleinen Hafenfestung, interessanter ist der Bazar. Probieren Sie den einheimischen Honig!

Die andere Hälfte von Marmaris ist nicht annähernd so attraktiv. Nahezu endlos erscheint die Kette der zwi-

Südliche Ägais

schen dem Strand und einer Durchgangsstraße eingezwängten Hotelblocks. Da gefällt Ihnen vielleicht **İçmeler** besser, das 10 km entfernt liegt, aber auch von Fähren angelaufen wird. Sehr viel Charme strahlt der eigenes für den Tourismus errichtete Ort nicht aus, aber der Strand ist gut, und die Wassersportmöglichkeiten in dieser schönen Bucht phantastisch.

Mehr Charakter hat **Turunç**, das man nach 11 km Fahrt über eine bergige Serpentinenstraße erreicht. Hierher hat sich der Massentourismus noch nicht gewagt; in Turunç kann man noch angenehm ruhig und bescheidener als woanders Urlaub machen.

Die Ägäis berührt hier fast das Mittelmeer, nur die lange, kiefernbestandene Halbinsel trennt die beiden. Das ruhige Fischerdorf **Datça**, westlich von Marmaris, erreicht man über eine gewundene Straße, die um die Spitze der Halbinsel von Datça führt. Zwar kann man das wilde, bergige Hinterland auch mit dem Jeep durchfahren, aber die Ruinen von

Die Festung von Bodrum: im 15. Jh. Zuflucht für Christen im westlichen Kleinasien.

Sehenswertes

Knidos jenseits der Bucht auf der Halbinsel Marmaris lassen sich von Datça aus am besten mit dem Boot erreichen. Dieser wichtige Hafen war eine der frühesten griechischen Siedlungen an der karischen Küste und wurde vor allem wegen einer Statue der Aphrodite berühmt, die angeblich zu den schönsten Skulpturen überhaupt zählte. Der Hafen ist immer noch in Gebrauch und am Hügel kann man eine Nekropole, ein Theater und Fundamente eines Tempels besichtigen.

Ausflüge ins Landesinnere

Pamukkale ist eines der erstaunlichsten Naturwunder der Türkei. Im Rahmen einer Tagestour kann man die Besichtigung von Kuşadası oder von Marmaris aus »machen«, aber statt solcher Strapazen sollten Sie sich dort lieber eine Übernachtung gönnen, um morgens oder abends die Ruhe dieses Orts zu genießen.

Auf der Hauptstraße hinter der Abzweigung nach Laodikeia taucht das sogenannte Baumwoll- oder **Watteschloß** (Pamukkale) auf, das mit seinen Stalaktitensäulen wie ein Alabasterpalast schimmert. Heiße Thermalquellen aus dem Çal Dağı haben diese wie von Engelshand aus Eis und Wolken geformten Becken und Wasserkaskaden aus Kalksinter entstehen lassen. Darüber lag einst Hierapolis, die »Heilige Stadt«, die ihren Namen den vielen Tempeln verdankte. Heute ersetzen diese zahlreiche Hotels mit natürlichen Warmwasserbecken. Im **Heiligen Teich** des Pamukkale Motel können Sie sich im Reich der Wassergottheiten, im Schatten von Zedern und Oleanderbüschen über kannelierten Marmorsäulen und zerborstenen korinthischen Kapitellen, tummeln.

Allerdings hat man in letzter Zeit festgestellt, daß diese Hotels über den Terrassen zuviel Quellwasser abzapfen und das Gestein mit Abwasser verschmutzen; eine Schließung der Hotels oder zumindest eine Einschränkung des Zugangs zu den Terrassen ist im Gespräch.

Zu den Ruinen von **Hierapolis** gehören die römischen Thermen, das Theater und eine Totenstadt, in der sich angeblich das Grab des Apostels Philippus befindet. Bevor Sie zur Küste zurückkehren, können Sie sich **Ak Han**, eine seldschukische Karawanserei aus dem 13. Jh., anschauen.

Von Pamukkale aus Richtung Südwesten erreicht man schließlich **Aphrodisias**. In der Ferne ragt der sogar im Sommer noch schneebedeckte Baba Dağı der »Vaterberg«, auf. Die Ruinen von Aphrodisias liegen in und um Geyre, dessen Museum die Kultstatuen der Aphrodite ausstellt; verschämt bekleidet blickt sie für eine Göttin der Liebe erstaunlich sittsam drein.

Von ihrem Tempel ist nicht viel übrig, doch das 228 m große **Stadion** mit 30 000 Sitzplätzen gilt als eines der schönsten der Antike und bildet heute noch den Rahmen für Festivals.

Das erst kürzlich freigelegte Theater wird an Schönheit von dem kleinen **Odeion** mit dem halbkreisförmigen Teich noch übertroffen. Die Göttin Aphrodite hätte sich hier mit Sicherheit wohlgefühlt.

Mittelmeerküste

Wie eine lange Kette angenehmer Überraschungen schlängelt sich die schroffe türkische Küste am Mittelmeer entlang: duftende Kiefernwälder, Bananenstauden schwer von Früchten, traumhafte Jachthäfen, Windsurfer-Paradiese und türkisblaues Wasser, so weit das Auge reicht.

Hinter dem Küstenstrich ragt malerische Gebirgslandschaft auf; in der Ferne leuchten die schneebedeckten Gipfel des südlichen Taurus. Im Schutz dieser massiven Kulisse breiten sich die Steppen Anatoliens aus.

DIE LYKISCHE KÜSTE

Die 23 Städte des lykischen Bundes bewahrten sich über lange Zeit hinweg geistige Unabhängigkeit, und so war diese Region auch die letzte Kleinasiens, die von den

Sehenswertes

Römern unterworfen wurde. Der Bund regiert sich selbst über ein äußerst ausgeklügeltes System der proportionellen Repräsentation. Zeichen der kulturellen Autonomie sind die verschiedenen Felsengräber und die Sarkophage.

Ein großer Teil dieses Küstenstrichs ist nur mit dem Boot zu erreichen; die Küstenstraße wurde erst Ende der 80er Jahre vollendet, Grund für die wohltuende Ruhe und die relative »Rückständigkeit« der Urlaubsorte hier.

Dalyan

Schlammbäder, Felsengräber und Schildkröten sind die Hauptattraktionen für die Tagesausflügler. Eingeweihte verbringen ihren gesamten Urlaub in einem der bescheidenen Hotels, die das Ufer säumen. Es gibt nur wenige Ferienorte in der Türkei, die so ruhig sind; sogar die ansonsten unermüdlichen Händler sind hier erträglicher.

Zu den Sehenswürdigkeiten fährt man am besten mit einer der vielen Fähren. Flußaufwärts können Sie sich in einem heißen **Schlammbad** unter freiem Himmel aalen. Gegenüber von Dalyan auf dem Westufer entdeckt man klassische lykische Felsengräber, die wie griechische Tempel geformt in den Felsen gehauen sind. Flußabwärts erreicht man **Kaunos**, eine wichtige karische Stadt aus dem 4. Jh. v. Chr. (hier verläuft die Grenze zwischen Karien und Lykien), die der eigentliche Grund für die Existenz der Gräber ist. Ein Theater, eine byzantinische Basilika, Bäder und guterhaltene Stadtmauern erwarten den Besucher.

Die Boote fahren weiter bis zum **Strand von İstuzu** (auch mit dem Auto zu erreichen). An Sommerabenden kommen Schildkröten, um hier im Sand ihre Eier zu legen. Aus diesem Grund wurde der Strand schließlich gegen den erbitterten Widerstand der Tourismusindustrie in den 80er Jahren zum Naturschutzgebiet erklärt. Es gibt hier keine Hotels, und selbst der Gebrauch von Sonnenschirmen und Liegestühlen ist eingeschränkt.

Pamukkales Watteschloß erhielt seinen Namen aufgrund der weißen Klippen und Terrassen.

Fethiye und Ölüdeniz

Schön kann man **Fethiye** nicht gerade nennen, dazu hat das Erdbeben von 1957 zu viel zerstört; der Markt jedoch liegt in einem alten Viertel, und an dem reizvollen Ufer warten Boote auf Kunden für eine sehr empfehlenswerte Tour zu einer der zwölf vorgelagerten Inseln.

Früher hieß Fethiye Telmessos. Wie nahe die Vergangenheit ist, beweisen uralte Gräber mitten in der Stadt, über dem jetzigen Busbahnhof: Die **lykischen Gräber** wurden in die Felswände eingeschnitten. Die Gedenkstätten sind eingerahmt von ionischen Säulen, und die Fassaden im Stil der damaligen Holzhäuser verziert. Dank einer Inschrift läßt sich das Tempelgrab König Amyntas' aus dem 4. Jh. v. Chr. bestimmen. Von der Johanniterburg aus der Zeit der Kreuzzüge sieht man nur noch Ruinen.

Die meisten Pauschaltouristen wohnen in **Çaliş Beach**, das aber nicht sehr viel mehr zu bieten hat als einen Kiesstrand. Alle zwanzig Minuten verkehrt ein Boot zwischen hier und Fethiye.

Kaya, hoch über Fethiye gelegen, ist ein Denkmal politischen Dogmatismus. Bis zum Bevölkerungsaustausch von 1923 lebten hier etwa 3000

Sehenswertes

Zoilos-Fries im Museum von Aphrodisias, wahrscheinlich einst Sockel des Zoilos-Mausoleums.

Griechen. Heute ist Kaya eine Geisterstadt.

 Südlich von Kaya liegt auf Meereshöhe **Ölüdeniz**. Eine Landzunge verwandelt einen fast 2 km langen Strand in eine geschützte Lagune. Hinter dem Strand und der Lagune gibt es Unterkunftsmöglichkeiten. Die Errichtung neuer (Hotel)bauten unterliegt strenger Kontrolle, weshalb man Pauschaltouristen in das 4 km entfernte Hisarönü schickt, ein im Massentourismus untergegangenes Dorf, das man besser meidet.

Das Tal von Xanthos

Östlich von Fethiye erstreckt sich ein weites, fruchtbares Tal. Dies war das lykische Kernland, und man kann die Ruinen von fünf Siedlungen besichtigen. Die wenig besichtigten Orte **Tlos** und **Pinara** lohnen wegen ihrer Felsengräber den

Mittelmeerküste

Abstecher von der Hauptstraße. Weiter im Süden liegt **Letoön**, das wichtigste lykische Heiligtum, von dessen drei Tempeln noch die Grundmauern stehen. Sie waren der Leto und ihren Kindern Apoll und Artemis gewidmet. Interessant ist auch das von unzähligen Fröschen bewohnte *nymphaeum*.

Xanthos, die Hauptstadt Lykiens, liegt hoch über einem Steilhang. Zweimal in der Geschichte der Stadt, beim Angriff durch die Perser im 5. Jh. v. Chr bzw. durch die Römer 42 v. Chr., begingen die Bewohner der Stadt Massenselbstmord, um nicht in die Hände der Feinde zu fallen. Obwohl im 19. Jh. einige Funde ins Britische Museum wanderten, ist noch viel zu sehen: zwei auf massiven Steinplatten errichtete Gräber in der Nähe des römischen Theaters. Das größere Harpyiengrab heißt nach den geflügelten weiblichen Figuren auf seinem Relief (Kopien). Nicht weit von der sich anschließenden Agora findet sich der xanthische Obelisk, auf dem man einen lykischen Text entziffern kann. Sehen Sie sich, wenn möglich, auch die byzantinische Basilika mit ihrem Mosaikboden und die Nekropole mit Sarkophagen und Felsengräbern an.

Patara war der Hafen des Tals, ist aber heute versandet und durch Sanddünen vom Meer abgeschnitten. Am leichtesten zu erreichen ist das hellenische Theater, das zur Hälfte im Sand steckt. Wenn Sie mutig genug sind, dann machen Sie sich auf die Suche nach Hadrians Getreidespeicher, dem nur das Dach fehlt. Vielleicht wollen Sie aber doch lieber auf dem 12 km langen Sandstrand dem süßen Nichtstun frönen. Auch hier haben die Schildkrötennester dazu geführt, daß der Naturschutz sich eingeschaltet hat. Unterkunftsmöglichkeiten gibt es in **Gemeliş**, 3 km landeinwärts.

Von Kalkan nach Kale

Kalkan, das hübsche Fischerdörfchen, schmiegt sich östlich von Fethiye an die Klippen einer Bucht. Viele osmanische

Traumstrände: der Strand von Istuzu (oben) und von Fethiye (rechts).

Kaufmannshäuser sind heute schöne Pensionen, oft mit Dachterrassencafé; die Restaurants sind sehr gut und die Andenkenläden hübsch.

Kaş, der einst blühende lykische Hafenort Antiphellos, ist heute aus 2500jährigem Dornröschenschlaf erwacht. Das Löwengrab scheint über die Hauptstraße zu herrschen. Es besteht aus zwei aufeinandergestellten Sarkophagen; auf dem unteren findet sich eine lykische Inschrift, während der obere vier Löwenköpfe trägt. Am Westrand der Stadt liegt ein hellenistisches Theater über einem Olivenhain.

Bootstouren bringen die Besucher zu der 29 km entfernten Insel **Kekova**, dem beliebtesten Ziel der Gegend. Oder Sie fahren weiter bis **Üçağız**, dessen Akropolis auch zahlreiche Gräber birgt.

Wenn Sie in Üçağız eine Bootsfahrt starten, erreichen Sie zunächst **Kale** mit einer mittelalterlichen Burg über einem Gemisch von römischen

Mittelmeerküste

und lykischen Ruinen. Nächste Anlegestelle ist die Insel **Kekova**. Die Boote haben Glasböden, damit die Ausflügler die antike Stätte *Sualti şehir*, die Stadt unter Wasser, bewundern können. Vom Boot aus erkennen Sie die alten Grundmauern und das Straßennetz. Am westlichen Ende der Insel gibt es einen guten Strand und einige wenige Überreste einer byzantinischen Basilika.

Eine steile Bergstraße windet sich in die zweite Ortschaft namens **Kale** (das frühere Demre) hinunter, vorbei an wackligen Treibhäusern, in denen Tomaten, Auberginen und anderes Gemüse reifen. Die fruchtbare Oase inmitten karger Umgebung verdankt ihren Ruhm einem in aller Welt bekannten Mann: St. Nikolaus. Wahrscheinlich wirkte der Schutzheilige der Kinder im 4. Jh. als Bischof in der lykischen Stadt **Myra**, aus der sich Kale entwickelte.

Im kleinen, schattigen Garten vor der Nikolausbasilika (*Noel Baba Kilisesi*) (siehe S. 77) steht eine schwarze Glasfiberstatue des bärtigen Bischofs in bekanntem Gewande, mit einem Sack prallgefüllt mit Geschenken für die ihn voller Erwartung umringende Kinderschar.

An windschiefen Häusern vorbei erreicht man in einer Viertelstunde die **Felsengräber** von Myra. Halten Sie nach der Überquerung des Bewässerungsgrabens Ausschau nach dem buchstäblich im Gestrüpp versteckten Fries mit Masken

Sehenswertes

aus dem herrlichen römischen **Amphitheater** von Myra. Die Gräber wurden äußerst platzsparend eng an- und übereinander in den Stein gehauen.

Olympos und Phaselis

 Besonders faszinierend an **Olympos** ist seine Lage unter den Felsen an einem seichten

Das Tor zum antiken Patara stammt aus der Zeit des ersten Jahrhundert.

Flußlauf. Gehen Sie vom Parkplatz aus am Ufer entlang zwischen prächtigen Oleanderbüschen bis zur Flußmündung, wo zwei genuesische Festungen die Bucht überragen. Der schön gearbeitete Sarkophag, der hier ausgestellt ist, gehört zu den Monumenten, die noch am leichtesten zu erreichen sind; um die übrigen Sehenswürdigkeiten zu entdecken, muß man sich etwas mehr Mühe geben.

Um 100 v. Chr. war Olympos eines der einflußreichsten Mitglieder des Lykischen Bun-

»Niklaus ist ein guter Mann...«

Ob Sie es nun glauben oder nicht, unser legendärer Nikolaus stammt aus dem heißen Süden der Türkei und nicht etwa aus der eisigen Tundra Lapplands.

Nikolaus ging als edelmütiger, großzügiger Bischof von Myra in die Geschichte des 4. Jh. ein. Eines Tages fehlten einem in Geldnot geratenen Bürger der Stadt die Mittel zur Vermählung seiner ältesten Tochter. Als der Bischof vernahm, daß sich eine ihrer beiden Schwestern feilbot, um die Mitgift zusammenzubringen, warf er eines Nachts heimlich ein Säckchen voll Gold durch ihr Fenster. Noch zweimal tat er den guten Wurf, und so konnten auch die zwei jüngeren Schwestern heiraten.

Nikolaus ist einer der beliebtesten Heiligen der christlichen Welt: Nicht nur Gelehrte, See- und Kaufleute verehren ihn als Schutzpatron, sondern auch Pfandleiher – ihr Symbol mit den drei goldenen Kugeln geht auf die drei Goldsäckchen von Myra zurück. Und seit dem Mittelalter freuen sich in Mitteleuropa brave Kinder auf seinen Festtag, denn dann kommt ein bärtiger Mann mit prallgefülltem Sack.

Nikolaus wird auch von den Russen und den Griechen als Schutzpatron verehrt. Er fand seine letzte Ruhestätte in der **Nikolausbasilika** (Noel Baba Kilisesi), die schon bald ein Wallfahrtsort wurde und es selbst dann noch blieb, als 1087 italienische Kaufleute das Grab zerstörten und die Reliquien nach Bari brachten. Das heutige Gotteshaus wurde im 11. Jh. und nochmals im letzten Jahrhundert von Zar Nikolaus I. renoviert und beherbergt angeblich das ursprüngliche Grab des Heiligen.

Sehenswertes

des. Nachdem Piraten über die Stadt hergefallen waren, die Bewohner ausgeraubt und auch die kostbaren Opfergaben zu Ehren des persischen Lichtgottes Mithras geplündert hatten, ging es mit Phoinikos, wie es zur damaligen Zeit noch hieß, bergab.

Ein verzierter Eingang und ein Stück Mauer ist alles, was vom **Tempel** übriggeblieben ist. Eine Inschrift auf dem Statuensockel wurde Kaiser Mark Aurel im 2. Jh. geweiht, als die Gegend bereits 100 Jahre unter römischer Herrschaft stand. Mehrere der 200 Gräber in der **Nekropole** sind überwölbte Kammern, viele tragen weissagende Orakel. Die 24 Antworten in Versform (für jeden Buchstaben des griechischen Alphabets eine) hießen ratsuchende Reisende der Antike entweder nach Hause zurückkehren oder weitergehen.

Vom weiten Kiesstrand aus kann man den 2377 m hohen Namensgeber der Stadt, Olympos (Tahtalı Dağu), nicht übersehen. Seit Menschengedenken brennt auf einem Hügel landeinwärts die Flamme **Yanar**. Selbst wenn man das Feuer löscht, entzündet sich das ausströmende Gas augenblicklich wieder. Ein beschwerlicher Weg nordwestlich der Ruinen führt zu diesem Naturschauspiel, das Wissenschaftler und Reisende seit Jahrhunderten fasziniert und vermutlich den Mythos der Chimära begründete: Der heldenhafte Bellerophon tötete das feuerspeiende, schreckenerregende Ungeheuer, Schlange, Ziege und Löwe in einem. Die Steine ringsum gehörten zum Heiligtum des Feuergottes Hephästos, den die Römer als Vulcanus verehrten.

Nach ein paar Kilometern auf der Straße in Richtung Antalya überwuchern gleich hinter Tekirova Gehölz und Gestrüpp die Ruinen von **Phaselis**, einem ehemals florierenden Handelshafen, den zu ihrer Zeit sogar Alexander der Große und Kaiser Hadrian anliefen. Eine marmorgepflasterte Straße verbindet zwei der Häfen. Sie wird von antiken öffentlichen Gebäuden gesäumt: ein nur teilweise erhaltenes Theater und Bäder

Mittelmeerküste

mit noch sichtbarem Fußboden-Heizungssystem.

Tekirova, Kemer und Beldibi

Von Olympos dehnt sich in Richtung Antalya ein Nationalpark aus, der einige schneebedeckte Berge umfaßt. Sie bilden einen eindrucksvollen Hintergrund für die wenig attraktiven Feriendörfer an den Sandstränden. Das halbfertige **Tekirova** wartet vor allem mit teuren Hotels auf. **Kemer** ist ein großer, seelenloser Betondschungel, der vor allem bei deutschen und neuerdings auch russischen Touristen beliebt ist. **Beldibi** besteht im Grunde auch nur aus einer Anzahl von Hotels.

Die Lyker bauten ihre Gräber in den Felsen und gaben ihnen das Aussehen von Häusern und Tempeln.

Sehenswertes

PAMPHYLIA

In der Antike war dies der Name für die an Getreide und Baumwolle reiche Ebene, die das Meer vom Taurusgebirge zwischen Antalya und Alanya trennt. Auf Griechisch heißt das Wort soviel wie Land der verschiedenen Stämme: eine ausgewählte Gruppe von griechischen Siedlern kam nach dem trojanischen Krieg hierher. Hier finden sich hervorragend erhaltene römische Städte, die man am besten von Antalya oder Side aus besucht.

Antalya

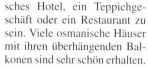

Der Blick *auf* diese immer geschäftige Stadt hat absolut nichts Malerisches, dafür ist die Aussicht *von* Antalya über die weite Bucht mit den lykischen Bergen im Hintergrund besonders eindrucksvoll.

Kernstück Antalyas ist das große Labyrinth der Altstadt, **Kaleiçi**, wo es tagsüber geradezu gespenstisch ruhig ist, während rundum der Verkehr tobt. Jedes Gebäude hier scheint eine Pension, ein hübsches Hotel, ein Teppichgeschäft oder ein Restaurant zu sein. Viele osmanische Häuser mit ihren überhängenden Balkonen sind sehr schön erhalten.

Unter den Klippen liegt der hübsche **Hafen**. Die zauberhafte abendliche Atmosphäre und die guten Restaurants und Cafés ziehen Touristen wie Einheimische an.

Antalya hieß einst Attaleia nach Attalus II. von Pergamon, dem Gründer der Stadt, und besteht seit dem 2. Jh. v. Chr. Das schönste Monument ist das **Hadrianstor** *(Hadrianus Kapışı)* in der östlichen Altstadtmauer. Es erinnert an einen Besuch des römischen Kaisers im Jahre 130. Weiße Marmorsäulen zieren die drei Bögen, die von rechteckigen römischen Türmen flankiert werden; einer davon wurde in seldschukischem Stil restauriert. Den Abschluß der gedrungenen Festungsmauer bildet der **Hıdırlık Kulesi,** ein Turm, dessen viereckiger Unterbau vermutlich als Grabmal eines bedeutenden Römers des 2. Jh. gedacht war. Wahrzeichen von Antalya und älte-

In die Berge oder ans Meer? Beides: nach einem Ausflug zum Olymp entspannen Sie sich an den weiten Stränden am Fuße des Berges.

stes Beispiel seldschukischer Architektur in dieser Stadt ist das **Kannelierte Minarett** (*Yivli Minare*), eine ungewöhnliche, sich nach oben verjüngende Konstruktion, die über und über mit blauen Porzellankacheln bedeckt war.

Sehenswertes

Die unumstrittene Besucherattaktion ist das **Archäologische Museum,** 2 km westlich der Altstadt. Die Exponate sind nach Fundort und Sujet geordnet. Es gibt Mosaike – unter anderem eines aus Xanthos, das eine Keilerjagd im 4. oder 5. Jh. darstellt. Auch ein Pantheon von Perge wurde hier wiederaufgebaut – beachten Sie vor allem den Sarkophag mit den Arbeiten des Herkules. Die ausgedehnte ethnographische Sammlung umfaßt Ziegel, Kacheln, Kleider Teekannen, Instrumente und Wohnungsinterieurs aus Antalya.

Hinter dem Museum liegt der lange Sandstrand. **Lara** ist ein überfüllter Touristen-Vorort im Osten Antalyas.

Die weitere Umgebung von Antalya

Termessos, 34 km landeinwärts von Antalya gelegen, ist wohl die interessanteste und faszinierendste archäologische

*A*ntalyas Kaleiçi: Wohnen in osmanischen Herrenhäusern (unten) und der Hafen (rechts).

Stätte der Türkei – allein die Lage auf einem Berggipfel inmitten eines Nationalparks ist sehenswert. Selbst Alexander der Große ließ angesichts dieser Lage die Finger von der Stadt. Die Einwohner waren die Pisidier oder Solymi – nach Homer »furchterregende Eingeborene». Sie wurden nie von den Römern unterworfen und prägten weiterhin Geld ohne das kaiserliche Konterfei.

Die Ruinen der Stadt liegen verstreut und sind schwer zugänglich. Entschädigt wird der Besucher durch die grandiose Aussicht vom **Freilichttheater** auf die 1000 m tiefer liegende pamphylische Ebene: sie lenkte wohl manchen der 5000 Zuschauer vom Geschehen auf der Bühne ab. Unter dem teilweise eingestürzten Bühnengebäude läßt sich noch der Zwinger erkennen, durch dessen Türen wilde Tiere in die Orchestra stürmten.

Zwanzig Minuten dauert die Fahrt von Antalya gen Osten zum antiken **Perge**. Die Ruinen hier vermitteln einen Eindruck vom Aussehen und der Funktionsweise einer römischen Stadt. Besonders eindrucksvoll ist das **Theater** (zur Zeit wegen Renovierung geschlossen) mit einem **Stadion,** das 12 000 Zuseher faßte. Einige der Gewölbe um das 234 m lange Oval dienten als Verkaufsläden, an mehreren

Sehenswertes

lassen sich noch die eingravierten Namen der Besitzer erkennen. Das einzige noch erhaltene hellenistische Bauwerk ist ein doppeltürmiges Tor über einer Agora mit Kolonnaden. Ganz in der Nähe befinden sich die gut erhaltenen römischen Bäder mit Mosaiken und einem Heizungssystem. Die breite, von Säulen gesäumte Hauptstraße ist ein frühes Beispiel für einen doppelten Fahrweg, der durch einen Kanal in der Mitte geteilt ist.

Auf sein römisches Theater, eines der besterhaltenen überhaupt, kann das knapp 50 km von Antalya entfernte **Aspendos** zu Recht stolz sein; lange diente es als Karawanserei. Das letzte Stück der Straße, die zur antiken Stätte führt, folgt dem Lauf des Köprü, den eine ungewöhnliche seldschukische Brücke überspannt. Gönnen Sie den übrigen Ruinen einen Blick, ehe das **Theater** Sie in seinen Bann zieht.

Es wurde auf einem der beiden Hügel angelegt. Ein gedeckter Aufgang führt zum Halbrund des Diazoma, das die 40 Sitzreihen in den oberen und unteren Rang teilt.

Die Akustik des Baus sucht ihresgleichen: selbst leises Murmeln auf der Bühne ist dank der intakten Rückwand, über der einst ein Holzdach hing, bis in die oberste Reihe deutlich zu hören.

Fast 20 000 Zuschauer finden hier Platz; das Theater wird noch heute für Festspielaufführungen genutzt.

Die Stadt mit den Ruinen von Basilika, Markthalle und Agora liegt auf dem anderen Hügel. Die fast 1 km weite Ebene überbrückte ein schöner, im 2. Jh. v. Chr. errichteter

Mittelmeerküste

Aquädukt. Er leitete das Wasser aus den Bergen in die Stadt. In der Umgebung des Stadions wurden Gräber und Grabsteine freigelegt; die wichtigsten sind im Museum von Antalya.

Side

Hier begegnen Sie einer seltenen Mischung aus 2500 Jahren alter Antike und modernem Urlaubskomfort. Was Urlauber heute anzieht, kostete die alten Lyder viel Schweiß: der feine Sand. In Sisyphusarbeit schaufelten sie ihr Hafenbecken und die Fahrrinne aus. Bis zu dem Tage, als König Attalos II. Attaleia (Antalya) gründete, war die künstliche Anlage von Side der einzige schiffbare Hafen weit und breit und machte Side reich. Eine Zeitlang war die Stadt berüchtigt wegen ihrer Zusammenarbeit mit kilikischen Piraten; die Seeräuber gingen in Side ein und aus, verkauften auf dem Markt ihre Sklaven – und reparierten die Hafenanlagen. Die Münzen der Stadt zeigten einen Granatapfel, der als Zeichen der Fruchtbarkeit galt und dem Ort seinen Namen gab.

Das stattliche hellenistische **Theater** (zur Zeit wegen Renovierung geschlossen) liegt schön an der Küste. Mit Hilfe eines gewölbten Stützbaus schuf man Platz für 17 000 Personen. Gleich neben dem Theater finden sich die Reste eines Dionysostempels.

Der Fluß Manavgat speiste das große **Nymphäum** durch einen Aquädukt. Von den für

Gräber in Termessos: als wären ihre Bewohner gerade erst daraus auferstanden.

Sehenswertes

römische Frischwasseranlagen typischen Reliefdarstellungen von Delphinen und Fischen sind nur noch wenige erhalten.

Viele der antiken Statuen und Sarkophage wurden im **Museum** von Side, im alten römischen Bad, in Sicherheit gebracht.

Der Sonnenuntergang hinter den wiederaufgerichteten Säulen des **Apollotempels** am südwestlichen Ende der Halbinsel ist besonders malerisch.

DIE KILIKISCHE KÜSTE

Kilikien ist zweigeteilt. Der interessantere Teil umfaßt das Gebiet zwischen Alanya und Silifke, wo eine Serpentinenstraße die Küste entlangführt und die bewaldeten Ausläufer des Taurusgebirges bis ans Meer reichen. Vor und nach den Römern trieben an dieser unwirtlichen Küste Piraten ihr Unwesen. Der weniger rauhe

Das Theater von Aspendos (unten) und die alte Agora von Side (rechts).

Mittelmeerküste

Teil Kilikiens, das Delta östlich von Mersin, ist flach und zum Teil Industriegebiet.

Alanya

44 v. Chr. wurde die Stadt der ägyptischen Königin Kleopatra von Antonius als Hochzeitsgeschenk überreicht. Heute erheben sich überall Hotel- und Appartementblocks, die besonders bei deutschen Touristen beliebt sind. Überall wetteifern unzählige Schmuckgeschäfte um die Gunst der Käufer…

Glücklicherweise ist der Felsvorsprung von der neueren Entwicklung verschont geblieben. Im 13. Jh. machte ihn der Seldschukensultan Alaedin Keykubad I. zu einer uneinnehmbaren **Festung**. Die Wälle steigen an zur **Inneren Burg** (*İç Kale*), dem höchsten Punkt. Hier, an dieser Stelle, geschahen einst finstere Dinge, sie hieß *adam atacağt*: »Ort wo Mann hinunterstürzt«. Dies war die grausame Todesart, die einzig und allein den Gefangenen vorbehalten war. Genießen Sie trotzdem die herrliche Aussicht über das mit einer Spur Türkis vermischte Blau des Mittelmeers.

Sehenswertes

Der achteckige **Rote Turm** am Fuß des Felsens ist ein Paradebeispiel seldschukischer Verteidigungsarchitektur; kleine Öffnungen, aus denen kochendheißes Öl auf die Angreifer gegossen wurde vervollständigen den Bau. Von hier kann man zur **Werft** (*Tersane*) hinübergehen, wo die seldschukische Flotte instandgesetzt wurde. Vom Hafen aus kann man per Boot Höhlen im unteren Teil des Felsens besichtigen.

Die Umgebung von Anamur

6 km östlich von Anamur hat die byzantinische Festung **Mamure Kalesi** den Küstenfelsen fest im Griff. 36 Türme wachen in strategisch idealen Abständen entlang den Festungsmauern dieser im 3. Jh. erbauten, 1230 erneuerten Burg.

Silifke und Umgebung

Außer einer byzantinischen Kreuzfahrerfestung hat das vergleichsweise uninteressante und ziemlich staubige **Silifke** wenig zu bieten, dafür ist die umliegende Gegend jedoch umso interessanter.

Unter den Römern, die eine Brücke über den Göksu bauten, entwickelte sich die Stadt zum Handelsplatz. 1190, während des Dritten Kreuzzuges, durchritt Kaiser Barbarossa

*E*in malerischer Sonnenuntergang am Strand – so läßt es sich den Urlaub genießen.

Mittelmeerküste

den Fluß: bei einem Bad in den Fluten ertrank er.

Eine landschaftlich schöne Straße führt nordöstlich von Silifke durch eine Kalksteinschlucht zum griechischen **Olba** (dem **Diocaesarea** der Römer), das malerisch zwischen den Häusern und Feldern des Dorfes Uzuncaburç liegt. Eine von Säulen gesäumte Straße führt zu dem korinthischen Tempel des Zeus Olbios aus dem 4. Jh. v. Chr.

Ungefähr 20 km östlich von Silifke stößt man im Dorf **Narlıkuyu** auf Überbleibsel römischer Thermen aus dem 4. Jh. Der herrliche **Mosaikboden** zeigt die Drei Grazien, und ein Schluck aus der Quelle soll Schönheit, Glück, Weisheit oder Wohlstand bescheren – auf jeden Fall Labsal für trockene Kehlen. Asthmatiker suchen in der feuchten Grotte (2 km nördlich der Stadt) Erleichterung. Im Fackelschein werfen Stalagmiten und Stalaktiten unheimliche Schatten. Vorsicht, Rutschgefahr! Nicht weit von hier führt ein Weg zu **Himmel und Hölle** (*Cennet ve Cehennem*) hinab. Gewissenskonflikte lösen sich von selbst: Nur die Pforte ins (Höhlen) Paradies (neben den Ruinen einer byzantinischen Kapelle) läßt sich öffnen.

Nach weiteren 5 km auf der Straße in Richtung Mersin gelangt man nach **Kızkalesi**, ehemals Korykos. Eine Burg steht unmittelbar an der Küste, eine andere auf einem Felsen im Meer. Im 12. Jh. errichteten Armenier hier ein Königreich, das als »Kleines Armenien« bezeichnet wurde, und erbauten das Schloß und die Festungen auf dem Festland.

Die kilikische Ebene

Die heiße dampfige Ebene östlich des großen Hafens Mersin hält nur wenige Besucher. Hier wird in großem Stil Baumwolle angebaut, desgleichen Bananen, Zitrusfrüchte, Tabak und Sesam.

Etwa 28 km östlich von Mersin liegt das sehr industrialisierte **Tarsus**. Der Apostel Paulus soll aus diesem Ort stammen und das Christentum von hier aus in Kleinasien verbreitet haben. Und ebenfalls in

Sehenswertes

Tarsus sah Marcus Antonius Kleopatra zum ersten Mal (41 v. Chr.) – und fing Feuer. Ob die beiden Hand in Hand durch **Kleopatras Tor** schlenderten, verschweigt die Geschichtsschreibung. Damals legten Schiffe noch direkt in Tarsus an; später wich das Meer zurück, der Hafen versandete. Osmanischen Baustil des 16. Jh. zeigt die **Große Moschee** (*Ulu Cami*).

Adana, viertgrößte Stadt der Türkei, ist das Zentrum der Textilindustrie in dieser Ebene. Schauen Sie nach der von Hadrian erbauten, römischen Brücke um und besuchen Sie das Völkerkunde- und das Archäologiemuseum. Im Osten der Stadt fährt man an den Burgen Yılanlı Kale und Toprakkale vorbei und wendet sich in Osmaniye nach Norden zu der Hauptsehenswürdigkeit der Gegend, **Karatepe**. Dieses Freilichtmuseum mit Monumentalskulpturen und -reliefs aus dem 3300 Jahre alten Sommerpalast des Hethitischen Führers Asitiwada steht in einem Nationalpark über einem künstlichen See.

HATAY

Der kleine Südzipfel der Türkei ist eindeutig arabisch beeinflußt, obwohl der letzte direkte »Fremdeinfluß« französisch war. Zwischen 1919 und 1939 wurde Hatay von Frankreich regiert. An der Handelsstraße zwischen Syrien und Anatolien gelegen und Einfallstor für Invasoren ist Hatay die Präsenz von Fremden gewöhnt. Nicht nur Araber, Byzantiner, Seldschuken, Türken und die Kreuzfahrer nahmen diesen Weg, sondern auch Alexander der Große, der zum Gedenken an seinen Sieg über die Perser bei Issos (333 v. Chr.) die Stadt Alexandretta gründete, heute die moderne Hafenstadt **İskenderun**.

Nur wenig ist von Antiochia erhalten, der mit einer halben Million Einwohnern nach Rom und Alexandria drittgrößten Stadt der römischen Welt. Das alte Viertel des heutigen **Antakya** ist jedoch ein schönes Beispiel für eine orientalische Stadt. Zu den schönsten römischen Überresten und zugleich zu den wichtigsten Kunstwerken der Türkei gehören die Mosaike aus hiesigen Villen im **Archäologischen Museum**. Sie stellen Jagdszenen und Geschichten aus der Mythologie dar.

Antiochia war auch das Hauptzentrum des frühen Christentums. Der hl. Petrus richtete hier zwischen 47 und 54 n. Chr. die erste Christengemeinde ein; die Peterskirche ist vielleicht die älteste christliche Kirche. Die Fassade des in eine Grotte hineingebauten Gotteshauses wurde von Kreuzfahrern im 12. Jh. hinzugefügt, während der Mosaikboden aus dem 4. oder 5. Jh. stammt. Ein Tunnel im Felsen bot der Gemeinde eine Fluchtmöglichkeit.

Viele der Mosaike im Archäologischen Museum stammen aus Daphne, dem heutigen **Harbiye**, das inmitten eines bukolischen Tals südlich von Antakya liegt. Im Südwesten, nahe der Küste, liegt die Hafenstadt Antiochias **Seleucia ad Pieria**, deren 1,4 km langer, unter den Kaisern Titus und Vespasian entstandene Wassertunnel eine Besichtigung wert ist.

Zentralanatolien

Dieses fast 1000 m hohe Plateau ist eine Welt für sich und hat mit der lieblichen Landschaft des Mittelmeeres nichts gemein. In dieser endlosen Hochebene, ocker gefärbt wenn Weizen und Gerste in der Sonne reifen, wirken selbst große Städte verloren.

Auf Ihrer Reise folgen Sie den Spuren der frühesten Händler und Soldaten. Hethiter, Phrygier, Römer, Seldschuken und Mongolen beherrschten einst diese fruchtbare Gegend. Alle haben sie Zeichen ihrer Größe hinterlassen. Ein natürlicher Ausgangspunkt ist Ankara, die modernste Stadt der Region.

ANKARA

1923 erkor Atatürk Ankara zur neuen Hauptstadt der Türkei und brach damit symbolisch mit der osmanischen Vergangenheit. Damals war die Stadt

Sehenswertes

eine primitive Siedlung mit 25 000 Einwohnern, die in Lehmziegelhäusern ohne Kanalisation, Straßenpflaster und Straßenbeleuchtung lebten.

Ankara zeigt sich heute als quirlige Metropole mit über drei Millionen Bewohnern. Kilometerweit ziehen sich die Vororte hin, der Verkehr ist nervenaufreibend, im Winter ist der Smog Dauergast, und der Bauboom hat soviel Auftrieb, daß die ganze Stadt wie eine große Baustelle erscheint.

Warum also nach Ankara? Zum einen, um das dramatische Nebeneinander von Alt und Modern kennenzulernen, zum anderen wegen des Museums der anatolischen Zivilisationen, das Sie auf keinen Fall versäumen dürfen, insbesondere dann, wenn Sie die antiken Stätten der Region sehen und besser verstehen wollen.

Die Altstadt

Die meisten Sehenswürdigkeiten finden Sie im Viertel nördlich des Talatpaşa Bulvarı. Beginnen Sie am **Ulus Meydanı** (Platz der Nation) mit dem Reiterdenkmal Atatürks. Die Frau hinter den beiden Soldaten versinnbildlicht die Rolle der modernen Türkin: Mit der Granate in der Hand kämpft sie für die Unabhängigkeit ihres Landes.

Die **Julians-Säule** (*Julianus Sütunu*) unweit des Platzes wurde vermutlich in Erinnerung an den Besuch des Kaisers im Jahre 362 errichtet und dient Störchen als Standquartier.

In der nahen **Hacı-Bayram-Moschee** (*Hacı Bayram Camii*) aus dem 15. Jh. ruhen die Sarkophage ihres Gründers und seiner Angehörigen. Nebenan flattern Tauben durch die Überreste des **Augustus-Tempels** (*Augustus Mabedi*). An dieser Stätte folgte ein Sakralbau dem andern. Von hier aus erkennt man die Nordmauer der Zitadelle der Stadt, fest verankert im schroffen Fels, umgeben von Gestrüpp.

Überqueren Sie die Çankırı Caddesi, eine Verlängerung des Atatürk Bulvarı, auf der Höhe der Ruinen der **Römi-**

schen Thermen (*Roma Hamam*). Harmonisch rahmen neuzeitliche Backsteinmauern die Ausgrabungsstätte ein, zu der ein Schwimmbassin, Umkleideräume und eine Fußbodenheizung (aus dem 3. Jh.) gehörten. Achten Sie auf die unzähligen kleinen (Stolper-) Löcher im Boden.

Was sich an Häusern im ältesten Teil Ankaras um die **Zitadelle** (*Hisar*) schart, spottet allen Gesetzen der Schwerkraft. Von der alten Burganlage schauen Sie auf die durch freundliche Grünanlagen aufgelockerte neue Stadt: das Atatürk-Mausoleum auf einem Hügel zur Linken, geradeaus Teich und Springbrunnen im Gençlik-Park, dahinter die Pferderennbahn; der Blick schweift weiter zu römischen Ruinen und der Hacı-Bayram-Moschee, wo Anfang dieses Jahrhunderts Ankara endete.

Seldschuken errichteten 1290 am Südfuß der Zitadelle die **Löwenhaus-Moschee** (*Aslanhane Camii*). Die auffallend weißen Steinkapitelle der 24 Säulen lassen keinen Zweifel an ihrer römischen Herkunft. Fünf polierte Holzuhren mahnen die Gläubigen an die fünf Tagesgebete; eine sechste Holzuhr zeigt die Fastenzeit an.

Neustadt

Dank seiner bevorzugten Lage überragt das **Atatürk-Mausoleum** (*Anıt Kabir*) alles in Ankara haushoch. Steinerne Löwen säumen den Weg; drei riesige Männerstatuen symbolisieren die Säulen des Atatürk-Staates: Bildung, Landwirtschaft und Armee. Drei große Skulpturen verkörpern die Stellung der Frau. Innen ruht der Sarkophag auf Marmorplatten. Wenn Sie an einem Sonntagnachmittag in Ankara sind, sollten Sie zum **Çankaya Atatürk Museum** im vornehmen südlichen Viertel Çankaya hinauffahren; Paß mitnehmen! Hier verbrachte Atatürk seine ersten Präsidentenjahre.

Den Abschluß einer Tagesrundfahrt durch die Stadt bildet die Moschee **Kocatepe Camii**, eine gelungene Mischung aus osmanischer Pracht und funktioneller Moderne. 1987 wurde

Zentralanatolien

die Moschee nach 30 Jahren Bauzeit fertiggestellt.

Museen

Nicht weit vom Opernplatz Meydanı präsentiert das **Ethnographische Museum** *(Etnografya Müzesi)* das Schönste, was osmanische Volkskunst zu bieten hat: allerfeinste Stickereien und andere Nadelarbeiten. Einmalig ist die Sammlung von Teppichen und Kelims: das eingeknüpfte oder -gewebte Schicksalsmotiv erzählt von Liebe, Hoffnung, Glück oder Eifersucht. Die Metallarbeiten stammen aus dem 11.-19. Jh. Osmanische Glaswaren und Porzellanplatten schmücken stilisierte Blumenmotive in künstlerisch höchster Vollendung, da der Islam (in den *Hadiths*) die Abbildung von Menschen und Tieren verbietet.

Das **Museum der anatolischen Zivilisationen** *(Anadolu Medeniyetleri Müzesi)*, ein paar Minuten zu Fuß von der Zitadelle, ist eine Schatztruhe an Ausgrabungsfunden, vor allem aus hethitischer Zeit. Das Gebäude stammt vom Großwesir Mehmets des Eroberers aus dem 15. Jh. und diente jahrhundertelang als *bedesten* (überdachter Bazar). Die Ausstellungsräume sind chronologisch um den Mittelsaal angeordnet, in dem Hethiter-Skulpturen zu sehen sind.

Am Eingang empfängt Sie ein mächtiger Hethiter-König aus Kalkstein, der unter den Trümmern des Palastes von Arslantepe bei Malatya gefunden worden war, wo er seit dem 8. Jh. v. Chr. den Sieg seiner Soldaten über die Assyrer feierte. Auf Friesen hielten die Steinzeitmenschen aus Çatalhüyük bei Konya ihre religiösen Bräuche in Jagd- und Tanzszenen fest. Auch aus Çatalhüyük stammt die knapp 20 cm hohe Tonfigur einer gebärenden Göttin; zwei heilige Katzentiere wachen zu beiden Seiten der recht molligen Mutter. Einer der interessantesten Funde aus der Bronzezeit ist eine aus Alacahöyük stammende »Sonnenstandarte«: auf einem ausladenden Stiergehörn, von einem gedrehten Bogen überwölbt, steht ein Hirsch; zwei Stiere flankieren ihn. Diese Grabbeigabe sollte den Hatti-Hoheiten dazu dienen, die Wiedergeburt als Gott oder Göttin zu erleichtern. Eine Nachbildung in Bronze befindet sich am Atatürk Bulvarı. Versäumen Sie unter keinen Umständen das Kinderspielzeug. Schon im Jahre 2500 v. Chr. vergnügten sich die Kleinen mit den verschiedensten Tontieren oder beglückten ihre Eltern mit dem Gerassel von Kieselsteinen in Krügen. Auf den großen Keilschrift-Tafeln sind Verträge mit assyrischen Händlern festgehalten, die zur Zeit der frühen Hethiter außerhalb der Städte lebten. Zu den Ausstellungsstücken gehören außerdem auch Gold- und Silbermünzen und solche aus einer Elektrum genannten Legierung der beiden Metalle. Und zu guter Letzt noch ein Blick auf das kostbare Fläschchen, in dem eine Römerin vor etwa 1800 Jahren ihr Parfüm bewahrte. Bis heute blieben die grünliche Flüssigkeit und der mit Blumenmustern versehene Glasflakon unversehrt.

TAGESAUSFLÜGE VON ANKARA AUS

Hattuşaş (Boğazkale) und Umgebung

200 km liegen zwischen der neuen türkischen und der antiken hethitischen Hauptstadt. Von **Hattuşaş** aus wurden von 1700 bis 1200 v. Chr. die Geschicke des Landes gelenkt. Die Funde datieren vornehmlich vom Ende dieser Periode. Es gibt zwar nicht mehr allzuviel zu sehen, doch schon die Größe der Stätte – eine 5 km lange Straße verbindet die Ruinen – und die Landschaft, in der sie eingebettet ist, sind mehr als ein Ausgleich. Zunächst erreicht man den **Großen Tempel** (*Büyük Mabet*). Dort stehen Vorratsgebäude und Tonkrüge, von denen der größte fast 3000 l faßte. Der einstöckige Tempel soll dem Gott des Sturmes und der Sonnengöttin geweiht gewesen sein. Den Grundriß des Tempels versteht man besser, wenn man zur **Großen Burg** (*Büyükkale*) hinaufsteigt, dem Sitz der Könige von

Zentralanatolien

Hattuşaş. Die oberen und mittleren Gebäude von Büyükkale gehörten zur Residenz des Königs und waren durch Innenhöfe und Nobelunterkünfte für den Adel miteinander verbunden. Die Anlage wurde gegen 1200 v. Chr. teilweise durch einen Großbrand zerstört. Ein Stockwerk nach dem anderen stürzte ein und begrub die Schrifttafeln mit praktisch der gesamten Geschichte des Hethiterreiches. 3000 Jahre lagen sie in Vergessenheit, bis man 1906 etwa 2500 Texte wiederentdeckte, darunter einen Friedensvertrag zwischen König Hattusilis III. und dem ägyptischen Pharao Ramses II., der eine der Königstöchter ehelichte und damit die Beziehungen zwischen den beiden Reichen festigte. Drei Jahrzehnte später stieß man auf weitere 3000 Tafelfragmente sowie eine Statue der phrygischen Fruchtbarkeitsgöttin Kybele.

Der Fußweg führt weiter zum **Königstor** (*Kralkapısı*), so genannt nach einem dort gefundenen Relief, das aber keinen König – wie man annahm –, sondern den Kriegsgott zeigt. Mit der hochgehaltenen Linken schützt er das Tor und all diejenigen, die es durchschreiten. Der Originalfries befindet sich im Museum der anatolischen Zivilisationen in Ankara. Das nächste Tor,

Expertenstreit um das Tunnel von Hattuşaş: diente es militärischen oder religiösen Zwecken?

Sehenswertes

ein dreieckiger, 71 m langer Tunnel durch die Stadtmauern, heißt **Yerkapı**. Zwei Sphinxe aus Kalkstein bewachten die »Hintertür«. Über den Rundweg um die alten Befestigungen gelangt man zum **Löwentor** (*Aslanlıkapı*).

Die meisten Besucher zieht es zum Felsheiligtum **Yazılıkaya**, das vermutlich König Tuthalija IV. anlegen ließ, denn mehrere Reliefs zeigen ihn. In der Hauptkammer empfängt Sie ein monumentaler Fries mit zwölf Göttern; meist sind die weiblichen Gottheiten rechts, die männlichen links dargestellt. Besonders eindrucksvoll ist die Abbildung des Wettergottes Teschup und seiner sonnengöttlichen Gemahlin Hepatu, die gemeinsam die Ankunft des Frühlings feiern. Ein Panther, ein zweiköpfiger Adler, Berge und sterbliches Fußvolk schließen den Götterreigen. Das Hauptrelief zeigt König Tuthalija auf dem Berggipfel.

Gordion

Etwa 100 km südwestlich von Ankara liegt die einstige Hauptstadt der Phrygier, die

Zentralanatolien

Der Tempel von Yazılıkaya und seine Reliefs stammen aus der Zeit König Tudhaliyas, um 1250 v. Chr.

Nachfolger der Hethiter, die um 1200 v. Chr. Anatolien besiedelten. Gordions Blütezeit kam im 8. Jh. v. Chr. unter den Königen Gordios und Midas. Einem Orakelspruch zufolge sollte der, der den Gordischen Knoten löste, Herrscher über ganz Asien werden: 333 v. Chr. schlug Alexander den Knoten mit einem Schwerthieb durch.

Auf dem Akropolishügel erkennt man noch immer die Grundmauern einiger phrygischer Häuser (*megaron*); über 100 Grabhügel liegen über die Ebene verstreut. Bergleute halfen, die Grabkammer im größten dieser Hügel auszugraben. Sie ist in Ankara im Museum Anatolischer Zivilisation ausgestellt. Man vermutet vor allem aufgrund der Grabbeigaben, daß dieses Grab unter Umständen das von Midas oder Gordios ist.

Safranbolu

Das alte (*eski*) Safranbolu, 210 km nördlich von Ankara, bietet Einblick in das Leben zu osmanischen Zeiten. Stadthäuser aus dem 19. Jh. bedecken den Abhang. Sie werden nach und nach restauriert. Mittelpunkt des Ganzen ist der alte Bazar **Arasta**, heute ein Kunsthandwerksmarkt, sowie Cinci Hanı, eine riesige Karawanserei, die derzeit zu einem Hotel umgebaut wird. Besuchen Sie das **Haus des Gouverneurs**: hier können Sie einen Blick in das Innere eines Stadthauses werfen.

AMASYA UND SIVAS

Amasya liegt in einer wie eine Sanduhr geformten Schlucht, die sich am Yeşilırmak (Grüner Fluß) entlangzieht, und ist mit seinen Monumenten aus den verschiedensten Epochen Zentralanatoliens die angenehmste Stadt. Hier war die Hauptstadt des Königreichs von Pontus, das zwischen der Epoche Alexanders des Großen und dem Beginn der römischen Herr-

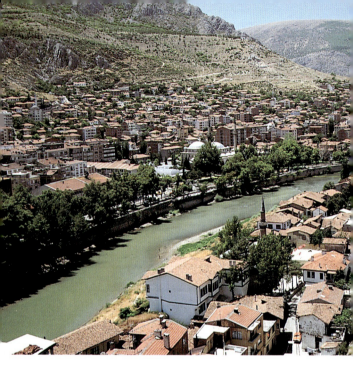

schaft (im 1. Jh. v. Chr.) Nord- und Mittelanatolien umfaßte. In den Felsen oberhalb der Stadt sind die **Gräber** der pontischen Könige eingelassen. Die Ruinen der osmanischen **Burg** (am besten mit dem Auto zu erreichen) bieten eine schöne Aussicht über die Stadt.

Seldschuken und Osmanen hinterließen der Stadt eine ganze Reihe schöner Bauwerke. Alte Holzhäuser säumen das Flußufer: eines auf dem Nordufer, **Hazeranlar Konaği**, ist ein Völkerkundemuseum. Auf dem Südufer liegt die größte Moschee der Stadt, **Sultan Beyazit II Camii**, die 1486 vollendet wurde. Westlich davon zeigt das gutbestückte **Museum** ein-

Das pittoreske Amasya, die wahrscheinlich interessanteste Stadt Zentralanatoliens.

heimisches Kunsthandwerk und archäologische Funde, sowie ausgestopfte Mongolen – die Mongolen beherrschten das Gebiet im späten 13. Jh. Ebenfalls ausgestellt sind die Türen der Seldschukenmoschee **Gök Medrese Camii**, die etwas weiter westlich liegt.

Suchen Sie im Stadtzentrum nach der Karawanserei **Taş Han**, sie stammt aus dem 17. Jh., und nach der ebenfalls von den Seldschuken errichteten Moschee **Burmalı Minare Camii** mit ihrem spiralenförmigen Minarett. Interessant sind auch das **Bimarhane**, ein mongolisches Nervenkrankenhaus, und die **Beyazıt Paşa Camii**, die 1419 vollendet wurde und über die meisten Minarette verfügt. Auf der anderen Flußseite liegt ein 1488 gegründetes Theologenkolleg, in dem noch gelehrt wird. Amasya war eines der wichtigsten Unterrichtszentren während der Osmanischen Herrschaft. Die vielen Islamschulen (*medrese*) verhalfen der Stadt zu dem Namen »Anatolisches Oxford».

Sivas, 220 km südöstlich, ist zwar weniger reizvoll als Amasya, hat aber mehr als ein halbes Dutzend mittelalterliche Sakralbauten zu bieten: im 13.

und 14. Jh. erlebte die Stadt am Kreuzungspunkt der Karawanenstraßen unter Seldschuken und Mongolen ihre Blütezeit. Drei Gebäude liegen in einem Park im Stadtzentrum. Nur die Fassade mit einem reich skulpturierten Portal und zwei Minarette sind vom **Çifte Minare Medrese** erhalten, der Stiftung eines mongolischen Wesirs. Im theologischen Kolleg **Bürücüye Medresesi** werden Teppiche gezeigt, während **Šifaiye Medresesi** (1217), das ursprünglich als Krankenhaus und Medizinschule gedacht war, heute ein Bazar ist. Geht man über den Park hinaus, so erreicht man **Ulu Camii**, die älteste Moschee der Stadt (1197) mit einem »Wald« von hölzernen Pfeilern, und **Gök Medrese**, dessen Name von den blauen Ziegel auf seinen Minaretten stammt (*gök* bedeutet »Himmel« oder »blau«). Die dekorative Fassade gehört zweifellos zu den vielen Meisterwerken seldschukischer Architektur.

Noch prunkvoller ist die Große Moschee (**Ulu Camii**) aus dem 13. Jh. in dem kleinen Ort **Divriği**, 185 km südöstlich von Sivas.

KAPPADOKIEN

Über eine Million Touristen kommen jedes Jahr, um dieses geologische Wunderland zu sehen – ein Meer von Kegeln und Riesennadeln mit kleinen Steinen auf ihrer Spitze, die sich ausnehmen wie ein türkischer Hut.

Drei zerfurchte Täler bilden Kappadokien: Göreme, Soğuanlı und Ihlara. Jedes läßt sich an einem Tag durchstreifen. Das Geheimnis der Gegend liegt in dem Tuffgestein, das sich vor Millionen von Jahren aus Vulkanasche formte. Härtere Gesteinsbrocken schützten nur den unmittelbar darunter lagernden Tuff vor der Erosion. Durch Verwitterung entstanden die bizarren Gebilde mit ihren Felskronen. Als vor 1400 Jahren arabische Heerscharen einfielen, gruben Gemeinden verfolgter Christen zur Verteidigung ihre Verstecke ins poröse Gestein, an die 400 Kapellen und Kirchen – ganze Städte.

Zentralanatolien

Über 150 Kirchen enthalten Fresken mit Darstellungen aus dem Evangelium – ein Schatz an byzantinischer Kunst aus dem 8. bis 11. Jh. Die kappadokischen Kirchen gehörten zu den wenigen, die nicht den ikonoklastischen Streitereien zwischen 726 und 843 – als Ikonen und religiöse Bilder verboten waren – zum Opfer fielen.

Um die bukolische Landschaft zu genießen, sollten Sie sie mit dem Fahrrad erkunden oder aber zu Fuß. Kappadokien umfaßt zwar das Gebiet zwischen Aksaray, Kayseri und Niğde, Zentralanatolien heißt aber nur das Dreieck zischen Avanos, Nevşsehir und Ürgüp. Lassen Sie sich am besten in Ürgüp, wo es Hotels aller Kategorien gibt, oder in Göreme, einer Hochburg der Rucksacktouristen, nieder.

Zentralkappadokien

Göreme ist Dreh- und Angelpunkt Kappadokiens. Nicht, daß der Ort besonders ansprechend wäre, aber er erhebt den Anspruch, über die Hauptptsehenswürdigkeit des Gebiets zu verfügen: das **Freilichtmuseum** von Göreme. Dieser Klosterkomplex beherbergt die beste Sammlung ausgemalter Felsenkirchen. Kommen Sie am besten sehr früh oder spätabends, um den Massenansturm, dem die kleinen Kirchen nicht gewachsen sind, zu vermeiden.

Etwa ein Dutzend Kirchen sind meist für die Besucher geöffnet. Die schönsten sind die sogenannten Säulenkirchen **Elmalı Kilise, Karanlık Kilise** und **Çarıklı Kilise**; vermutlich ist nur die letzte zugänglich. Versuchen Sie, auch einen Blick auf die Küche und das Refektorium zu erhaschen. Auf jeden Fall sollten Sie sich die **Tokalı Kilise** ansehen, die an der Straße außerhalb des Museumsareals steht. Ganz in blau gehalten ist sie mit ihrer Kuppel und der Krypta ein eindrucksvolles Beispiel kappadokischer Steinmetzkunst und Freskomalerei.

Noch malerischer ist **Zelve**, eine ähnliche Anlage, die bis zu ihrer Evakuierung im Jahre 1952 ein Dorf war. Alle Sehenswürdigkeiten hier zu

Sehenswertes

besichtigen, verlangt etwas Kletterkunst.

In den Dörfern **Üçhisar** und **Ortahisar** in der Nähe von Göreme kann man riesige Stadtberge mit Felsenräumen bewundern und zum Gipfel hinaufsteigen, von wo man einen phantastischen Rundblick hat. In Üşhisar ist die Aussicht schöner, während in Ortahisar der Aufstieg über Leiter und Löcher dramatischer ist.

Von unten betrachtet heben sich die restaurierten Zinnen der **Festung** (*Kale*) aus dem 13. Jh., als **Nevşehir** zur Zwischenstation an der Seidenstraße wurde, blaß vom Basaltfelsen ab. Von oben blickt man auf die Sandstein-Minarette von einigen der 52 Moscheen, hört den Widerhall der Muezzin-Rufe zum Gebet. Irgendwie fühlt man sich dann abseits, allein – bis der Blick auf die Wohnblocks fällt, die die in zwanzig Jahren aufs Doppelte gestiegene Bevölkerung beherbergen. **Avanos** wurde durch seine geschickten

Zentralanatolien

Töpfer bekannt, doch Souvenirs werden auch aus Alabaster und Onyx gearbeitet. Den Ton liefert der Rote Fluß (Kızılırmak – der längste Fluß der Türkei) mitten im Dorf.

Südkappadokien

Im Süden geht die Landschaft in weite Ebenen über, die von der Sonne gelb gebrannt sind. Auch hier gibt es zwei Täler, die es an Schönheit mit dem Göremetal aufnehmen können, die aber wesentlich weniger besichtigt werden: zwei außerordentliche »Unterwelt«städte sind der Öffentlichkeit zugänglich gemacht worden, die sicher von den ersten Christen bewohnt wurden, wahrscheinlich sogar von den Hethitern.

Derinkuyu ist größer und deshalb beliebter als **Kaymaklı**. Derinkuyu hat vermutlich zwanzig Ebenen, von denen acht besichtigt werden

Zelve, die Geisterstadt, wurde 1952 verlassen aus Angst vor der Zerstörung durch Erosion.

können. Die Bewohner von Kaymaklı führten ein Doppelleben: Ihr eigentliches Zuhause bauten sie nahe dem Göztepe (Aussichtsberg), auf dem Wachposten vor nahender Gefahr warnten. Wurde die Lage ernst, huschten die Leute aus dem Dorf durch Tunnel in ihre sicheren »Zweitwohnungen« unter der Erde, die sie um einen 65 m hohen Mittelpfeiler ausgehauen hatten.

Die Bestattung der Toten war eines der Hauptprobleme. In Kaymaklı löste man es nach Art der Steinzeitmenschen wie vor 7000 Jahren: Die Leichen wurden in die Fußböden der Höhlen gelegt und mit Steinen zugedeckt.

Durch Roste blickt man auf Gräber unter dem Speiseraum. Sehen können Sie auch die runden Granittüren, die man bei Gefahr vor die Eingänge rollte. Etwaige Eindringlinge scheiterten an versteckten Verteidigungseinrichtungen, wie z. B. den kniehohen Löchern in den Wänden der Gänge. Eine der Steintüren diente zu Friedenszeiten auch als Gewürzmahltisch.

Sehenswertes

Die Iharaschlucht (oben), Kappadokiens romantischste Landschaft, und seldschukische Steinarbeit in Kayseri (rechts).

Achten Sie auf halbem Weg nach unten auf den Schacht, dessen Brunnen am Boden für Wasser, die obere Öffnung dagegen für Frischluft sorgte. Wie häufig man die Küchen benutzte, beweist der Ruß, obwohl Kamine den schlimmsten Qualm in sicherer Entfernung vom Eingang hinausleiteten. Selbst eine Traubenpresse für den Wein fehlte nicht. Den einstigen Tunnel zwischen den beiden Städten ließ man verschüttet.

Heutzutage bevölkern vor allem Tauben das Tal von Soğanlı. Abgeflachte Berge überragen die bizarren Felsformationen, die Kirchen und Klöster und Taubenschläge bergen – letztere weiß getüncht. Unter den vielen Sakralbauten des Tals ist die **Karabaş Kilise** (Schwarzkopf-Kirche) erwähnenswert wegen ihrer Fresken, vor allem die Darstellung des Abendmahls, während in der **Yılanlı Kilise** (Schlangenkirche) Mönchszellen mit Öfen und Bütten zum Weinpressen zu sehen sind.

Bis zu 100 000 Menschen lebten einst in der atemberaubend gewundenen Schlucht des **Ihlara**-Tals, 45 km südöstlich von Aksaray. Baumreihen säumen den Weg des sich durch die Senke schlängelnden Flusses.

Über hundert byzantinische Kirchen wurden in diesem 15 km langen Tal gebaut oder aus dem Stein gehauen. Die Fresken in der **Ağaçaltı** (Kirche unter dem Baum) sind in recht gutem Zustand. In der **Yılanlı** (Schlangenkirche) sieht man unter anderem den Erzengel Michael, der auf einer Waage Gut und Böse gegeneinander abwägt, und die Gottlosen, von Schlangen umschlungen.

Kayseri

Der häufig schneebedeckte, erloschene Vulkan Erciyes Daği beherrscht die einstige Hauptstadt der römischen Provinz Kappadokien (Caesarea). Die moderne Stadt verfügt über einige sehr gute Märkte und hat sich auf Teppiche spezialisiert; drei *bedesten* zeigen noch heute Kayseris einstige wichtige Stellung an der Handelsstraße zwischen Konya und Sivas. Hinter den dunklen Wänden der **Zitadelle** verbergen sich seldschukische *medrese* und Moscheen. **Mahperi Hunat Hatun Medresesi**, Gesetzesschule und Moschee,

Sehenswertes

Mewlana und die tanzenden Derwische

Mewlana (Dschalaloddin Rumi) kam 1228 aus Afganistan nach Konya. Wie sein Vater wurde er ein *sufi*, ein mystischer Theologe, und lehrte in einer Religionsschule von Konya.

Eine Wende im Leben Mewlanas brachte im Jahr 1244 die Begegnung mit dem Wanderderwisch Shams, dessen Persönlichkeit ihn fesselte und in dem er den Ausdruck göttlicher Vollkommenheit sah. Monatelang lebten die beiden Mystiker Seite an Seite – und stießen Mewlanas Familie und Schüler (Mewlana ist das arabische Wort für »unser Meister«) vor den Kopf; schließlich wurde Shams von ihnen ermordet. Mit gebrochenem Herzen gab sich Dschalaloddin nur noch der Musik und der Poesie hin, und seine Liebe zu Shams inspirierte ihn zu einer großen mystischen Dichtung, dem *Mathnawi*. Es ist ein Lied von der leidenschaftlichen Liebe zu Gott und der Suche nach der Antwort auf die Sinnfrage des Lebens. Für viele Moslems steht dieses Werk in seiner Heiligkeit nur dem Koran und den Lehren Mohammeds nach.

Nach dem Tod des Meisters im Jahre 1273 wurde sein Grab zu einer Pilgerstätte. Seine Jünger, eine sufische Brüderschaft, wurden als Mewlewi-Derwische bekannt. Sie studierten weiter seine Lehre in ihrer Loge oder *tekke* in Konya (heute das Mewlana-Museum). Schließlich entstanden im ganzen osmanischen Reich *tekkes*. Im Zuge des Säkularisationsprogramms Atatürks wurden 1925 die Bruderschaften durch staatliches Dekret verboten. Dennoch erhielten die Mewlewi-Derwische 1954 eine Sondergenehmigung zur alljährlichen Vorführung ihrer rituellen Tänze während zweier Wochen im Dezember zum Gedenken an den Tod des Meisters.

Zentralanatolien

*D*as Mewlana-Museum - nicht zu übersehen: ein Turm in türkis wie eine Bleistiftspitze.

wurde 1238 gegründet und war die erste Anlage ihrer Art in Anatolien. Heute ist hier das Völkerkundemuseum untergebracht. Sehen Sie sich unbedingt **Döner Kümbet** an, ein Grab südlich vom Zentrum, das wie ein traditionelles Begräbniszelt geformt ist. Das ausgezeichnete **Archäologische Museum** zeigt Tafeln aus der wichtigen assyrischen Handelskolonie Kanesh (heute Kültepe), deren Ausgrabungen 20 km nordöstlich von Kayseri zu besichtigen sind.

KONYA

Die Ackerlandebene westlich von Aksaray ist flach und nichtssagend. Die Karawanserei **Sultanhanı** bietet da willkommene Abwechslung. Dieses befestigte Gasthaus gehört zu den größten der Türkei; der »Aufenthaltsraum« für die Tiere hat die Ausmaße einer Kathedrale.

Konya erhebt sich wie eine Fata Morgana am Westende der Ebene. Angesichts der 500 000 Einwohner ist die Stadt erstaunlich unkompliziert und altmodisch: Pferde und Karren halten den Verkehr auf der Hauptstraße auf, und Wellblechdächer bedecken den schlichten Markt. Ebenso auf-

Sehenswertes

fällig ist die Religiosität der Bevölkerung: verschleierte Frauen prägen das Straßenbild, beim Gebetsruf läßt jeder seine Arbeit ruhen, und Alkohol gibt es in den wenigen Restaurants nur selten.

Konya kann jedoch auf eine ausgesprochen reiche Geschichte zurückblicken; nachweislich existierte die Siedlung schon im 3. Jahrtausend v. Chr. Ihre Blütezeit erlebte die Stadt als Hauptstadt des Sultanats von Rum schließlich im 12. und 13. Jh. n. Chr. Zahlreiche Künstler und Gelehrte kamen an den Hof des Sultans, so auch der Philosoph Dschalaloddin Rumi, der sich später Mewlana nannte (siehe S. 108)

So gilt denn auch ein Besuch der Stadt zunächst dem **Mewlana Müzesi**, dem Museum Mewlanas, das in der Stadtsilhouette leicht an seinem türkisfarbenen Turm auszumachen ist. Nicht einmal die größten Moscheen flößen so viel Ehrfurcht ein. Die Stätte erfüllt das Klagen des traditionellen *ney*, einer Art Rohrflöte, auf der nach altem Brauch Mewlanas Melodien geblasen werden.

Das **Grab** des Meisters unter der kegelförmigen »grünen Kuppel« bedeckt ein goldbesticktes grünes Brokattuch. Daneben steht der Sarkophag seines ersten Sohnes, Sultan Veled. Weitere Familienangehörige und Anhänger des 1273 Verstorbenen ruhen in den 65 übrigen Särgen. Den Eingang zur Grabkammer schützen die **Silberne Schwelle** und das **Silberne Gitter**.

Einen Hauch von Mystik strahlt das Aprilgefäß aus, eine mit Gold und Silber verzierte Bronzeurne. Man fing darin (April-)Regentropfen auf, die nach islamischem Glauben heilig sind und in bestimmten Fällen heilend wirken. Seit Mewlanas Turban dieses Wasser berührte, vollbrachte es wahre Wunder. Kranke von nah und fern strömten ins Mewlewi-Zentrum, das 60 Jahre nach dem Tod des Meisters das Gefäß aufnahm.

Neben den Resten eines seldschukischen Palastes im Stadtzentrum steht die **Alaeddin Camii**, die unter Sultan Kaykobads Herrschaft 1221 errichtete Moschee. Besonders sehenswert ist das Schnitzwerk im *mihrab* und am *minbar*.

Himmlisches Blau empfängt Sie im nahen Keramikmuseum **Karatay Medresesi**, das sich in einer 1251 erbauten, kuppeltragenden *medrese* befindet. Komplizierte Muster zieren das Marmorportal, das Kuppelgewölbe ist reich mit glasierten Fliesen geschmückt, Ornamente ziehen sich über türkise, blaue, grüne und purpurrote Kacheln.

Das Steinbecken mitten in der Halle diente esoterischen astronomischen Studien. Das **Museum im schlanken Minarett** (*İnce Minare Medresesi*) aus dem 13. Jh. war ursprünglich ebenfalls eine *medrese* für theologische Studien.

Schwarzmeerküste

Die bewaldeten Berge, die Zentralanatolien vom Schwarzen Meer trennen, machen den Charakter der Küste aus. An ihnen regnen sich die Wolken ab und machen diesen Teil des Landes sehr fruchtbar. Tabakpflanzungen um Sinop, Maisfelder und Haselnußplantagen um Samsun, Kirschbäume in Giresun und Teesträucher bei Rize bedecken die nördlichsten Provinzen der Türkei wie ein bunter Flickenteppich.

Die lange Gebirgskette hat die Region unzugänglich

*S*inops strategische Lage als Schwarzmeerhafen erforderte trutzige Befestigungsanlagen

gemacht und ihr damit eine eigene Geschichte beschert. Die meisten Häfen sind einstige von jonischen Griechen aus Milet um 700 v. Chr. gegründete Handelskolonien. Später kam das Königreich von Pontus – das Schwarze Meer wurde als Pontus Euxinus (Gastfreundliche See) bezeichnet – bevor die Römer die Herrschaft übernahmen. Zwischen 1204 und 1461 regierten die Byzantiner über ein Westentaschenreich mit der Hauptstadt Trabzon.

Es gibt wenige historisch wichtige Sehenswürdigkeiten, ein Umstand, der zusammen mit dem oft regnerischen Wetter dazu geführt hat, daß es nur wenig Tourismus gibt. Die meisten Besucher stammen aus den Ländern der ehemaligen UdSSR. Es gibt aber schöne Strände und einige wundervolle Kirchen, die den erwarten, der sich doch an die Erforschung dieses Landesteils machen will.

WESTLICH VON SAMSUN

Samsun, Hafenstadt und Zentrum der Tabakindustrie ist nicht besonders ansprechend und eigentlich nur von nationalem Interesse, denn hier begann Atatürks Feldzug für die Republik. Überhaupt ist die Westhälfte der Schwarzmeer-

Schwarzmeerküste

Sechs Jahre dauerte die Restaurierung der berühmten Fresken der Hagia Sophia.

küste (Richtung Istanbul) die weniger schöne. Am ehesten kann man noch **Sinop** empfehlen, einen hübschen Fischerhafen an der Landenge, dessen massige Wehrmauern aus der Zeit stammen, als Sinop Hauptstadt des Königreichs Pontus war (2. Jh. v. Chr.).

VON SAMSUN NACH TRABZON

Wenn Sie einen Teil der Schwarzmeerküste besuchen wollen, dann diesen. **Ünye** (rund 90 km von Samsun entfernt) und das noch wenig von Touristen besetzte **Çaka** verfügen beide über schöne, von Kiefern gesäumte Strände. **Perşembe** und das etwas größere **Ordu** sind hübsche Fischerdörfer mit guten Bademöglichkeiten.

Kirschen haben **Giresun** bekannt gemacht, eine auf einem hügeligen Landvorsprung 50 km von Ordu erbaute Stadt. Von der byzantinischen Burg aus zeigt sich ein sanftes Schwarzes Meer. Italiens erste Kirschbäume kamen aus dieser Gegend, und der ursprüngliche Name des Ortes, Cerasos, klingt im Wort für Kirsche in vielen europäischen Sprachen an. Auf der nahen Insel **Giresun Adası** liegen die verwitterten Ruinen eines Tempels, der dem Kriegsgott Ares geweiht war. Mittelalterliche Burgen beherrschen die Küste Richtung Trabzon – so auch in **Tirebolu**.

Trabzon (*Trapezunt*)

Die sogenannte »Märchenstadt« hat schon von Alters her Dichtern und Schriftstellern als Muse gedient. Die glanzvolle Architektur hat Trabzon, während des 13. und 14. Jh. Hauptstadt ein »Ableger« des byzantinischen Reichs, berühmt gemacht. Berühmt-berüchtigt wurden die damaligen Herrscher aus der Komnenen-Dynastie ob ihres dekadenten Lebenswandels.

D*as außergewöhnliche Kloster Sumela hoch über dem dicht bewaldeten Tal.*

Trotz einiger byzantinischer Kirchen (heute meist Moscheen) und der alten Stadtmauern wird die moderne, sehr auf Kommerz ausgerichtete Stadt dem romantischen Bild, das man sich gemeinhin von ihr macht, nicht gerecht. Zu ihrer Erforschung sollte man über ein Fahrzeug verfügen oder sich ein Taxi nehmen.

Inmitten von Rosengärten hoch über dem Meer, westlich der Stadt, liegt das **Hagia-Sophia-Museum** (*Ayasofya Müzesi*), ein Prachtstück byzantinischer Baukunst. Manuel I., Kaiser von Trapezunt, schwebte bei dem Bau das gleichnamige »Wunderwerk« in Konstantinopel vor. Mit allen Mitteln verfolgte er die Verwirklichung seines Traums. Drei Vorhallen mit Tonnengewölbe und ein erhöhtes Fundament für den Überbau entstanden in der ersten Bauphase – bis dahin hatte man nichts dergleichen in der byzantinischen Kirchenarchitektur gesehen. Manuel I. beauftragte einheimische Künstler, aber auch vor den Mongolen geflüchtete Seldschuken, mit dem Ausschmükken des Gotteshauses – und so entstand dieser byzantinisch-seldschukische Stil. Kostbarste Farbstoffe einschließlich Ultramarin waren für die biblischen Szenen in Kuppel, Narthex und

Vorhallen gerade gut genug. Im Gewölbe erkennt man Christus, auf der Fläche zwischen den Fenstern die Apostel, in den Laibungen die Propheten. Engel auf einem Fries vervollständigen das Bild.

Zentrum der modernen Stadt ist **Atatürk Alanı**, das hinter dem Hafen und dem Russischen Bazar liegt. Das mittelalterliche Trabzon liegt weiter westlich, jenseits des Taleinschnitts, der mitten durch die Stadt verläuft. Byzantinische Stadtmauern und Ruinen der **Zitadelle** (*Kale*) beherrschen das trapezförmige Felsgesims, das dem Ort seinen früheren Namen Trapezus gab. Die Mauern des unteren Teils wurden von Kaiser Hadrian errichtet und von den Osmanen erneuert. Trabzons Spaltung verhinderten schließlich die Türken, die die Zugbrücken zur Zitadelle abrissen und die beiden Stadtteile durch feste Viadukte verbanden. Die **Ortahisar** oder Fatih Büyük Camii, die Zitadellenmoschee, war ursprünglich eine dem hl. Andreas geweihte byzantinische Kirche.

In der Villa **Atatürk Köşkü**, zwischen Fichten auf den Hügeln außerhalb der Stadt, verbrachte der Vater der türkischen Republik zunächst nur drei Nächte; aber das genügte, um dem Zuckerbäckerstil des Gebäudes zu verfallen, und so gab sich die Stadt die Ehre, dem hohen Gast das Sommerhaus aus prächtig gemeißeltem, leuchtendem Sandstein zu schenken. In einem der Räume im Erdgeschoß unterzeichnete Atatürk sein Testament, in dem er alles Hab und Gut seinem Volk vermachte.

Kloster Sumela

Genau genommen geht dieses berühmte Bauwerk im Nordosten des Landes auf eine Vision vor 1600 Jahren zurück. Sumela, auf einigen Karten auch Meryemana, ist die Gründung zweier Priester aus Athen, die 47 km südwestlich von Trabzon eine Höhle mit einer von dem hl. Lukas gemalten Marienikone fanden.

Kaiser Justinian erkannte im 6. Jh. die strategischen Vorzüge der Anlage und bescherte

Sehenswertes

dem Kloster kostbare Gaben – und Befestigungen. Doch davon ließen sich plündernde Banden nicht abschrecken. Byzantinische Herrscher zeigten Interesse an der ausgeraubten Stätte. Als Gegenleistung für Krönungen in der Himmelfahrtskirche ließen sie das Kloster restaurieren und sich selbst auf schmeichelhaften Fresken verewigen. Das heutige Gebäude wurde im 19. Jh. errichtet. Nach 1923, als die Griechen von Türken vertrieben wurden, verfiel das Kloster zusehends.

Gegenwärtig wird die Anlage restauriert. Atemberaubend ist die Lage des Klosters an einem Felsen 300 m über dem bewaldeten Tal. Trotz modernster Verkehrsmittel bleibt dem Besucher das letzte, schweißtreibende Stück zu Fuß nicht erspart. Oben können Sie die Aufenthaltsräume der Pilger besichtigen und einen Blick in die ursprüngliche Höhlenkirche werfen. Die meisten der in sehr schlechtem Zustand befindlichen Fresken wurden vor rund 300 Jahren über schon existierende Wandmalereien aus dem 14. Jh. gemalt.

ÖSTLICH VON TRABZON

Regen, Tee, Berge und die Laz, ein Volk kaukasischer Herkunft, das oft Zielscheibe türkischer Witze ist, machen diesen Teil der Küste aus, der sich bis hin zur georgischen Küste erstreckt. Mit Teesträuchern – die in den 30er Jahren eingeführt wurden – bepflanzte Terrassen überziehen die Berghänge bei Rize und gehen über in ein dschungelartiges Waldgebiet. Echte Bergwanderer ersteigen die Kaçkar-Berge, mit Höhen bis zu 3972 m. Schön ist auch die Küste bis Hopa, von wo aus sich das für Wildwasser-Rafting berühmte Çoruh-Tal bis zum ostanatolischen Erzurum erstreckt.

Ostanatolien

Urwüchsig, großartig und so wildromantisch wie keine andere Gegend dieses riesigen Landes ist die Osttürkei. Dafür müssen Sie vielleicht einige Strapazen auf sich nehmen – die Sommersonne brennt unerbittlich, und die Winter sind hart.

Geduld, gepaart mit dem erhebenden Gefühl, zu den wenigen Entdeckungsreisenden dieses Landesteils zu zählen, helfen über die eine oder andere Unannehmlichkeit hinweg; überwältigende Landschaften und hohe, erloschene Vulkane lassen meist alles andere vergessen.

An Abwechslung herrscht gewiß kein Mangel: Sturzregen verändern hin und wieder das Bild der ausgedörrten Einöde. Im Südosten, zwischen Euphrat und Tigris, dehnt sich die Ebene des Zweistromlandes – ein biblisch anmutender Landstrich– bis hin zum Persischen Golf. Die Tunnels und Dämme des großangelegten Südostanatolischen Projekts (GAP) sollen dem einstigen Fruchtbaren Halbmond seine Fruchtbarkeit zurückgeben.

Der Reisende muß sich an einfache Unterkünfte, schlechte Straßen und weite Entfernungen gewöhnen.

Mächtige Armeen haben über Jahrhunderte hinweg in diesem Teil der Welt gewütet, und die gegenwärtigen Konflikte lassen das Reisen hier auf ungewisse Zeit hinaus nicht ratsam erscheinen. Für den Fall, daß sich die Situation ändert, und auch um Ihnen zu zeigen, was Ihnen leider entgeht, stellen wir im Folgenden kurz die schönsten Sehenswürdigkeiten vor. Nur Erzurum gilt gegenwärtig als sicher, lohnt aber allein den Weg hierher nicht.

ERZURUM

Bei so vielen Bergen ringsum glaubt man kaum, daß das flache Land um Erzurum mit beinahe 2000 m ü. M. die höchste Ebene Anatoliens ist; bis man hier oben einen Winter erlebt hat…

Als suchten sie sich gegenseitig zu schützen, drängen sich die Häuser der 250 000 Einwohner-Stadt aneinander; und in fernen Tagen war das auch vonnöten. Die Seidenstraße brachte Wohlstand, aber auch Streit um die Herrschaft.

Sehenswertes

Unzählige Eroberungen durch Heere auf ihrem Weg durch Kleinasien mußte Erzurum in den 6000 Jahren seiner Geschichte über sich ergehen lassen. Und als wäre es damit nicht genug, richteten auch Erdbeben immer wieder Schaden an. Doch die seldschukischen Bauten trotzten bis auf den heutigen Tag jeder Unbill; ob der Beton der modernen Wohnblocks daneben wohl auch so lange hält?

Die **Doppelminarett-Medrese** (*Çifte Minareli Medrese*) im Herzen der Altstadt wurde 1253 als Koranschule errichtet. Die beiden Minarette aus Backstein zieren blaue Kacheln, am Eingangsportal sehen Sie das Symbol der Seldschuken, den doppelköpfigen Adler. Den Innenhof entlang reihen sich die zellengleichen Arbeitsräume der Studenten; ein Religionslehrer (*müderris*) unterwies sie in Theologie und Naturwissenschaften. Erzurums zweite bedeutende Religionsschule, **Yakutiye Medresesi**, ist leicht an ihrem nur scheinbar fehlenden Minarett zu erkennen. Die Säule zur Linken ist nämlich verstümmelt und trägt eine kegelförmige Bedachung.

ARARAT

Das 5165 m aufragende schneegekrönte Massiv über einer Wolkengirlande ist ein majestätischer Anblick. Im Grunde handelt es sich um zwei Gipfel. Der frostklirrende Büyükağrı (Großer Ararat, 5165 m), auf dem Noahs Arche gestrandet sein soll, ist über 1000 m höher als sein Bruder Küçükağrı (Kleiner Ararat 3896 m).

Selbst in friedlichen Zeiten ist der Aufstieg zum vereisten Vulkankrater, der sich nur wenige Kilometer vor der iranischen Grenze erhebt, nur etwas für geübte Bergsteiger. Abgesehen von der nötigen Ausrüstung braucht man einen amtlich zugelassenen Bergführer, eine schriftliche Genehmigung und viel Zeit für den beschwerlichen Aufstieg.

Falls Sie die Umrisse des Ararat nur von weitem betrachten möchten, empfiehlt sich ein Besuch in **Doğubeyazıt**, wo

Ostanatolien

 Sie eine weitere ostanatolische Sehenswürdigkeit erwartet, nämlich der **İshak Pascha Palast** (*İshak Paşa Sarayı*); der Anblick ist unvergeßlich.

Auf einer Anhöhe im Südosten zeichnen sich Palast und Moschee gegen das Firmament ab und überblicken sowohl das Städtchen als auch die von schroffen Bergen durchzogene weite Ebene. Stein- und Holzornamente zeugen vom orientalischen Stilgemisch, das im 16. Jh. zu Beginn der Bauarbeiten weit verbreitet war.

VAN-SEE

Ein Blütenteppich überzieht die Ufer des größten Sees der Türkei, Van Gölü, bis zu den Ruinen der einstigen Hauptstadt Tuspa des Königreichs Urartu.

In den Fels gehauene Stufen führen zur **Zitadelle** (*Van Kalesi*) hinauf. Schauen Sie sich beim Aufstieg die Keilschriften aus dem 9. Jh. v. Chr. und die spätere Inschrift an, die dem Perserkönig Xerxes gewidmet war. Von den Grabkammern geht eine düstere Stimmung aus, die irgendwie zum Anblick der stummen Zeugen dieser vor 2700 Jahren blühenden Stadt am See paßt.

Das aufstrebende **Van** nahebei mit seinen 100 000 Einwohnern ist für seine reich verzierten Teppiche berühmt. Zu den Vermächtnissen aus seldschukischer und osmanischer Zeit zählt die quadratisch angelegte, sich in den stillen Wassern spiegelnde **Hüsrev Paşa Camii**; das Minarett hat die gleiche Plattenstruktur wie die Mauern des Hauptbaus. Vans städtisches **Museum** besitzt ganz erstaunliche archäologische Funde, darunter Geräte aus der frühen Bronzezeit sowie eine Sammlung feingewebter Kelims.

Ein paar Kilometer östlich von Gevaş bringt eine Fähre den Besucher in 20minütiger Fahrt zu der kleinen Insel **Ahtamar Adası** mit der armenischen **Kirche zum Heiligen Kreuz** (*Akadamar Kilisesi*) aus dem 10. Jh. Ihre Außenwände sind mit Reliefs reich geschmückt. Sie stellen Szenen aus dem Alten Testament dar, wie etwa Jonas und der Wal.

Was unternehmen wir heute?

Einkaufsbummel

Wer wirklich ernsthaft einkaufen will, der findet sich in der Türkei im siebten Himmel wieder, und wer einfach nur stöbern will, wird den Bazars und Märkten mindestens soviel Interesse abgewinnen können, wie ganz »normalen« Sehenswürdigkeiten. Ein Spaziergang über die großen Bazare des Landes – der berühmteste ist der Große Bazar in Istanbul, aber schön sind auch die von Izmir und Bursa – ist ein unvergleichliches Erlebnis. Innerhalb des Bazars gruppieren sich Tausende von kleinen Geschäften je nach Spezialität. Teppich- und Lederwarenverkäufer belegen die Haupt »straßen«, während man Schmuck am besten in einem *bedesten* (Markthalle) bekommt. Im Gewirr der Seitenstraßen finden sich unzählige Geschäfte, die Jeans feilbieten, sowie Läden, in denen es entweder nur Handtücher oder nur Brautkleider, nur Hifi-Geräte oder nur Lederjacken, nur Musikkassetten oder nur Räucherstäbchen gibt… Wie der einzelne Händler angesichts dieser Konkurrenz überhaupt existieren kann, ist und bleibt ein Geheimnis. Von den Touristenzentren hat Marmaris den besten Bazar, während Kalkan und Ürgüp interessante Souvenirs anbieten. In solchen Gegenden ist übrigens alles bis spät abends geöffnet, so daß man nicht unbedingt die wertvollen Tagesstunden mit dem Einkaufsbummel verbringen muß (siehe S. 162).

Lassen Sie sich nicht die Gelegenheit entgehen, einen guten alten (altmodischen) Markt zu besuchen. Jede Woche bringen Bauern die Früchte des Feldes auf einem Pferd oder in einem Karren zum Markt, und matronenhafte

Istanbuls Großer Bazar: mehr als 4000 Läden voll von Schätzen wie aus 1001 Nacht.

Was unternehmen wir heute?

Frauen präsentieren stolz Früchte, Gemüse und Gewürze.

Leider sind die Händler oft ziemlich anstrengend mit ihrer Art, den Kunden zu beschwatzen. Wie Sie mit dieser Form von Interaktion fertig werden, zeigt sich spätestens dann, wenn Sie wirklich etwas kaufen wollen.

Geschäfte werden auch entlang der Straße gemacht.

Wie man vorgeht

Bei Objekten von einigem Wert – Teppiche, Lederjacken oder Schmuck – müssen Sie handeln, wobei einige Gläser Tee die Atmosphäre entspannen sollen. Vorher sollten Sie sich aber einen Überblick über Preise und Qualität verschaffen, indem Sie ein bißchen herumbummeln. Wenn jemand Sie zu einem Geschäft führt, bekommt er vom Wert dessen, was Sie kaufen einen prozentualen Anteil, was natürlich

Einkaufsbummel

Fliegende Teppiche

Türkische Teppiche sind weltberühmt für ihre Schönheit. Ein Schnellkurs für Anfänger: Teppiche werden geknüpft, Kelims (*Kilims*) gewebt; zudem haben sie keinen Flor. *Cecims* sind Kelims mit gestickten Verzierungen. Sie alle wurden ursprünglich als Wand- und Bodenteppiche in den Nomadenzelten benutzt. Nie werden Sie zwei gleiche finden, dafür aber die Symbole unterscheiden lernen, die für wahre Liebe, Schutz gegen den Bösen Blick oder den Wunsch nach einem Kind stehen.

Teppiche werden Ihnen laufend zum Kauf angeboten werden. Lassen Sie sich vom Händler die Symbole des Teppichs ern klären, den Sie erstehen wollen, und fragen Sie nach dem Herkunftsort; einige Gegenden wie Konya haben einen besonders guten Ruf.

Der Preis eines Teppichs hängt vom Alter, dem Seltenheitswert, der Qualität des Rohmaterials und der Färbung sowie der Anzahl der Knoten pro cm^2 ab. Ein grober Wollteppich weist etwa 20 bis 30 Knoten auf, während die teuersten Seidenteppiche mit 100 bis 200 Knoten hergestellt sind. Natürlich gefärbte Teppiche sind schöner und resistenter als synthetisch gefärbte, kosten dafür aber auch mehr. Sie stellen den Unterschied fest, indem Sie die Ecke eines weißen Handtuchs etwas befeuchten und den Teppich damit abreiben. Synthetisch bearbeitetes Material färbt ab, und wenn Sie dazu noch einen Chlorgeruch feststellen, heißt dies, daß der Teppich künstlich »gealtert« wurde. Bei vielen Teppichhändlern können Sie außerdem unterscheiden lernen, was handgeknüpft und was maschinell hergestellt ist.

Ehe Sie den Handel abschließen, erkundigen Sie sich noch danach, was der Heimtransport Ihrer Erwerbung kostet.

Was unternehmen wir heute?

Türkische Bäder

Wo Sie sich auch aufhalten, in der Türkei gibt es immer irgendwo ein *hamam*, ein türkisches Bad. Die Bäderkultur stammt aus dem klassischen Altertum und hat eine Doppelfunktion: zum einen sollen die Bäder der Reinigung dienen (der Islam legt viel Wert auf Hygiene), zum anderen erfüllen sie als ein Ort der Begegnung einen gesellschaftlichen Zweck, vergleichbar in etwa der Sauna bei uns.

Die berühmtesten Bäder mit der besten Atmosphäre gibt es in Istanbul, aber auch in jedem anderen türkischen Bad wird der Aufenthalt zu einem sinnlichen, reinigenden und entspannenden Erlebnis. Die Geschlechter sind streng getrennt (von ein paar Touristengegenden abgesehen), und die Männer tragen um die Lenden den peštamal, eine Art Badetuch. Die Frauen sind entweder nackt oder tragen Schlüpfer.

Innerhalb des Empfangsraums begibt man sich in Einzelkabinen mit Bett, um sich darin umzuziehen. Danach wandelt man auf relativ unbequemen Holzsandalen durch den hararet oder Dampfraum, der in jedem Bad, das etwas auf sich hält, mit Marmor ausgekleidet ist und durch Öffnungen in der kuppelförmigen Decke mit Sonnenlicht beleuchtet wird. Sie können sich waschen und sich dann auf dem göbek taši, dem angewärmten Marmortisch in der Mitte entspannen.

Gegen einen geringen Zuschlag rückt ein wohlbeleibter Bademeister mit stolzem Schnurrbart den Herren oder eine üppige Bademeisterin den Damen mit einem *kese* zu Leibe; diese Behandlung befreit Sie von Hautunreinheiten und abgestorbenen Hautzellen, von deren Existenz Sie bisher keine Ahnung hatten. Schließlich können Sie sich noch ordentlich durchkneten lassen: die Massagen in den Bädern sind eine ziemlich rauhe aber wirkungsvolle Behandlung.

den Gesamtpreis in die Höhe treibt.

Wenn Sie wissen, was Sie wollen, fragen Sie nach dem Preis und bieten dann etwas weniger als die Hälfte davon. Mit ziemlicher Sicherheit wird der Händler etwas nachgeben, und Sie müssen versuchen, diesen neuen Preis ein wenig zu reduzieren. Wenn Sie am Schluß etwa fünf Achtel des ursprünglichen Preises bezahlen, haben Sie ein gutes Geschäft gemacht.

Psychologisches Geschick kann beim Handeln nur von Vorteil sein; drohen Sie damit, sich woanders umzusehen oder schützen Sie Gleichgültigkeit vor. Einzige feste Regel: wenn eine Seite ein Angebot gemacht hat, darf sie nicht mehr davon abgehen.

Beim Kauf von wertvollen Objekten kann man sich die Mehrwertsteuer zurückerstatten lassen, wozu Sie eine Quittung benötigen. Für alles, was irgendwie antik aussieht, sollten Sie sich ebenfalls eine Quittung (*fatura*) geben lassen, auf der der Wert und der Herkunftsort des Objekts vermerkt sind, und die Sie dann beim türkischen Zoll vorweisen. Der Export von echten Antiquitäten ist verboten. «Alte» Münzen, die ihnen an manchen archäologischen Stätten angeboten werden, sollten Sie keinesfalls annehmen: sie sind entweder falsch oder aber sie bringen Sie wegen ihrer Echtheit in große Schwierigkeiten.

Was man kauft

Leder. Leder ist das Verkaufsobjekt schlechthin in der Türkei. Die großen Bazare verfügen über ein reichhaltiges Angebot und auch in den Touristengegenden kommt der Käufer auf seine Kosten. Die Qualität ist allerdings sehr variabel – überprüfen Sie die Nähte genau!

Schmuck. Es gibt sie eigentlich überall, die aus der Wand gehauenen Schmuckläden. Gold wird nach Gewicht verkauft, wobei man einen Zuschlag für die Arbeit bezahlen muß. In der Zeitung (*Turkish Daily News*) können Sie sich über den Goldkurs infor-

Feste und Folklore

Eigentlich findet immer irgendwo im Lande eine besondere Veranstaltung statt. Erkundigen Sie sich im Fremdenverkehrsamt nach den verschiedenen Zeitpunkten.

Januar Selçuk (Ephesus): Kamelkämpfe.

März Manisa: Fest anläßlich der Zubereitung des traditionellen Allheilmittels *mesir macunu*.

April Istanbul; Internationales Filmfestival. Ankara: Internationales Kinderfestival (23. April).

April-Mai Istanbul: Tulpenfestival. Konya: Reiter-Speerwerfen (jedes Wochenende bis Oktober). Ephesus: Kunst- und Kulturfestival, einige Konzerte im alten Theater. Ankara: Internationales Kunstfestival.

Mai Marmaris: Internationales Jachtfestival.

Mai-Juni Pergamon Festival: Aufführung im Asklepieion-Theater.

Juni-Juli Istanbul: Internationales Festival (bis Mitte Juli) mit Kunst und Kultur. Izmir: Internationales Kulturfestival, das zweitbeste nach dem von Istanbul. Bursa: Folklore- und Musikfestival. Sehr gute Volkstanzdarbietungen. Çeşme: Festival »Meer und Musik. Edirne: Ringkämpfe.

Juli Avanos: Kunsthandwerksfestival.

Juli-August Foça: Festival rund um Musik, Folklore und Wassersport.

August Çanakkale: Troja-Festspiele mit Volkstanz und Musik.

September An der gesamten ägäischen Küste wird der Befreiung von den Griechen (1922) gedacht. Weinfest in Ürgüp.

September-Oktober Antalya: Film- und Kunstfestival »Goldene Orange«; die Aufführungen finden zum Teil im Aspendos-Theater statt.

Dezember: Provinz Aydin: Kamelkämpfe. Kale: Nikolaus-Fest. Konya: Mevlana-Festival mit Darbietungen der »Tanzenden Derwische« (etwa 10. bis 17. Dezember).

Einkaufsbummel

mieren. Sterlingsilber sollte mit einem Stempel versehen sein.

Kupfer und Messing. Die handgearbeiteten Sachen nehmen sich daheim oft gar nicht so dekorativ aus. Unter Umständen erfüllt eine einfache Kupferschale ihren Zweck besser. Kupfer ist giftig; will man Kupfergeschirr zur Aufbewahrung von Eßwaren benutzen, muß es innen verzinnt sein.

Keramik und Töpferwaren. Farben und Muster der Kacheln sind oft vom Iznik-Stil beeinflußt. Die meisten Erzeugnisse werden heute in den Fabriken in Kütahya, südöstlich von Bursa, hergestellt. Töpferwaren aus rotem Ton sind eine Spezialität von Avanos in Kappadokien.

Sonstige Souvenirs. Es gibt jede Menge **Kleidung**, die direkt aus 1001 Nacht zu stammen scheint – Pumphosen und mit »Juwelen« verzierte Schuhe. Der Bazar in Bursa verlockt mit einem eindrucksvollen Angebot an Seidenschals. Das H**andtuch** wurde angeblich in Bursa erfunden und zwar für einen verwöhnten Sultan, der nach dem Bad sofort und wirkungsvoll abgetrocknet werden wollte. Typische **Musikinstrumente** wie einen *ney* (eine Derwischflöte) oder einen mandolinenartigen *saz*, kauft man besser in einem Musikgeschäft als in einem Souvenirshop. Ein lohnender Kauf sind Kassetten mit türkischer Musik. Es gibt sehr schön gearbeitete **Backgammonbretter**. **Blaue Perlen** werden von vielen Türken als Schutz gegen den bösen Blick getragen. Raucher interessieren sich vielleicht für **Meerschaumpfeifen** aus einem tonähnlichen, weißen Material, das aus der Nähe von Eskişehir, westlich von Ankara stammt. Wie wäre es mit einer *nargile* (Wasserpfeife), die in traditionellen türkischen Kaffeehäusern geraucht wird. Im übrigen fasziniert jeden Besucher das bunte, wohlriechende Angebot an Gewürzen, die man auch fertig abgepackt kaufen kann.

Was unternehmen wir heute?

Unterhaltung

Auf westliche Art...

Wenn Sie unbedingt jede Nacht »durchmachen« wollen, ist für Sie gesorgt und zwar vor allem in Bodrum und in Kuşadası. An Diskos, Nachtclubs, Karaoke-Bars, Jazzkneipen und ähnlichem besteht kein Mangel. Das gilt im wesentlichen auch für die großen Touristenzentren. In Istanbul konzentriert sich das Angebot auf das Taksim-Viertel.

Kasinos gibt es in großen Hotels. Nehmen Sie Ihren Paß mit, denn nur Ausländer dürfen spielen.

...und türkisch

Türken spielen gern und gut *tavla* (Backgammon), und manch ein Tourist läßt sich verleiten, es ihnen gleichzutun und Nächte im Kaffeehaus mit diesem Spiel zu verbringen.

Sehr viel touristischer geht es in einem *gazino* zu, wo Kabarett und Abendessen geboten werden, oft im Hof einer Karawanserei oder in einem schicken Hotel. Hauptbestandteil der Show sind die Darbietungen einer Bauchtänzerin. Daneben gibt es meist Volksmusik und -tanz. Sehr zu empfehlen ist die Kervanseray an der Cumhuriyet Caddesi neben dem Hilton.

Es ist leider recht unwahrscheinlich, daß Sie irgendwo türkische Musik live und spontan gespielt zu hören bekommen, obwohl sich in Istanbuls Kumkapıviertel einige Gruppen das Revier streitig machen. Von Tonträgern jeglicher Art kommt meist nur ein Potpouri aus pseudoarabischen Klängen, die auf frühere arabische Popmusik zurückgehen, und einer Mischung aus griechischer Tavernen- und türkischer Kabarettmusik.

Klassische Musik und Kino

Klassische türkische Musik stammt aus der osmanischen Epoche und von der Mewlewi-Sekte (siehe S. 108). Westliche und türkische klassische Konzerte, Opern und Ballett wer-

Unterhaltung

*B*auchtanz ist eine beliebte Darbietung bei türkischen Folklore-Abenden.

den in Istanbul (Atatürk-Kulturzentrum), Izmir und Ankara geboten, hauptsächlich während der verschiedenen Festspiel- und Kulturwochen, die dort stattfinden.

Die meisten Kinos befinden sich in Istanbul, Izmir and Ankara; *orijinal* heißt «mit Untertiteln.

In den *Turkish Daily News* finden Sie ein komplettes Kino- und Veranstaltungsprogramm.

Sport

Wassersport

Alle Urlaubsorte an der Ägäis und am Mittelmeer bieten **Wasserski, Jetski** und **Paragliding**. Aber natürlich kann man sich allein oder mit der Familie auch den einfacheren Badefreuden hingeben. Die schönsten Bade- und Wassersportorte sind: Altinkum, Gümbet, Bitez, Içmeler, Mar-

Was unternehmen wir heute?

maris, Ölüdeniz, Kemer, Side und Antalya.

Windsurfen – auch für Anfänger – wird ebenfalls in den meisten Badeorten angeboten. Für fortgeschrittene Surfer empfehlen sich Bitez und Vassiliki, die ziemlich »windsicher« sind.

Tauchen ist besonders schön in Bodrum, Marmaris und Fethiye. Die Ausrüstung für Tauchprüfungen wird oft von Tauchervereinigungen gestellt. Taucher werden in der Türkei kontrolliert, da immer damit gerechnet werden muß, daß ein Taucher auf eine Antiquität stößt. Erkundigen Sie sich auch beim türkischen Fremdenverkehramt (siehe S. 154).

Bootssport

Die Küste zwischen Bodrum und Kekova lädt mit ihren vielen Buchten geradezu zum Bootsfahren ein, abgesehen von der Tatsache, daß man viele Ecken nur mit dem Boot erreichen kann. Das klassische türkische Boot ist ein hölzernes Motorboot, *gület* genannt, das etwa ein Dutzend Passagiere aufnehmen kann. Ausfahrten werden überall angeboten, hauptsächlich aber in Bodrum und Marmaris.

*B*itez mit seiner Windsurfschule ist eines der vielen Wassersportzentren der Türkei.

Sport

Erkundigen Sie sich entweder schon vor Antritt Ihres Urlaubs oder aber vor Ort beim Türkischen Fremdenverkehrsamt (siehe S. 154) nach mehrtägigen Bootsrundfahrten oder Segeltouren. Für Segeltouren können Sie übrigens auch ein Boot ohne Mannschaft mieten, wenn Ihnen der Sinn danach steht und wenn jemand aus ihrer Gruppe oder Sie selbst einen Segelschein besitzen.

Wenn nicht gerade Hochsaison ist, kann man derartige Arrangements in Bodrum, Marmaris oder Fethiye ohne Vorbestellung machen: entweder ist auf dem Boot selbst vermerkt, ob es zu vermieten ist, oder aber man wendet sich an eines der Büros am Hafen.

Was unternehmen wir heute?

Boot und «Kapitän» für einen Tag zu mieten, ist ebenfalls möglich und kostet nicht mehr als ein Mietwagen.

Wenn Sie aber eher der spontane Typ sind und nichts im voraus organisieren wollen, so ist dies auch kein Problem: schlendern Sie einfach am Vormittag zum Hafen hinunter und informieren Sie sich vor Ort über das Tagesangebot an Rundfahrten.

Andere Sportarten

Skifahren. Der Uludağ, von Bursa aus mit der Seilbahn oder mit dem Auto zu erreichen, bietet von Dezember bis April Skipisten mit allem, was dazugehört, für Anfänger wie für mittelmäßige Skifahrer. Andere weniger ausgebaute Skigebiete sind Saklıkent, (48 km von Antalya) und Erciyes Dağı (25 km von Kayseri); sehr gute Skifahrer vergnügen sich in Palandöken, 5 km von Erzurum.

Angesichts der Höhe der türkischen Gebirge sollte man sich nur in einer Gruppe ans **Bergsteigen** und **Bergwandern** wagen. Sie können an Wanderungen entlang der Maultierpfade in den Lykischen Bergen teilnehmen, das Taurusgebirge besteigen, gemütlich durch Kappadokien wandern oder bis zu den entfernten Kaçkar-Bergen hinter

*W*assersport für die ganze Familie (links). Malerische Nationalparks der Türkei (rechts).

Sport

dem Schwarzen Meer vorstoßen. Unbegleitet kann man den Uludağ Nationalpark durchstreifen und die dortigen Höhen erklimmen, aber schon die Besichtigung mancher archäologischer Stätten – beispielsweise Termessos – verlangt dem Besucher einiges an Kondition und an Sinn für die dramatische türkische Landschaft ab.

Wenn Ihnen das alles zu anstrengend erscheint, dann besichtigen Sie doch die Türkei von oben. **Gleitschirmfliegen** wird auf dem Berg oberhalb von Ölüdeniz geboten. Bis zum Strand hinunter dauert der Flug so lang wie sonst

Was unternehmen wir heute?

kein anderer auf der Welt – angeblich. Anfänger vertrauen sich einem Lehrer an und fliegen mit ihm im Tandem. Sonst muß man etwa eine Woche hartes Training rechnen, bevor man sich allein aufmachen kann. Die unvergeßlichste (aber auch teuerste) Art, Kappadokien zu erkunden, ist eine **Ballonfahrt** bei Sonnenuntergang.

Zuschauersport

Der türkische Nationalsport ist eine verhältnismäßig ölige Variante des **Ringkampfs** besonders in Kırkpınar bei Edirne. Die Wettkämpfe finden im Juni statt, wenn lederbehoste, von oben bis unten eingeölte Muskelmänner zuerst einen zeremoniellen Marsch aufführen, bevor sie sich schließlich gegenseitig unter dem Jubel Tausender in den »Staub« werfen. Noch exotischer ist das **Kamelringen** *(deve güreŭi)* in Selçuk bei Kuşadası. Kamele sind unter Umständen alles andere als sanftmütig. Bei dieser Sportart leben zwei Vertreter des männlichen Geschlechts ihre Aggressionen im Zweikampf aus, indem sie einander ziemlich unsanft beim Genick packen und versuchen, den Gegner aus dem Gleichgewicht zu bringen, bis der Schiedsrichter einen der beiden zum Sieger erklärt und der andere weggezerrt wird, um sich von der Schmach zu erholen. Ein aufregendes Schauspiel, bei dem die Tiere keine ernsthaften Verletzungen davontragen.

Im Vergleich dazu mag ein **Pferderennen** im Veliefendi-Hippodrom bei Bakırköy, etwa 15 km von Istanbul entfernt, recht friedlich wirken – von April bis Dezember, danach ziehen Pferde und Wettfans nach Izmir weiter.

Auch **Fußball** ist ein sehr beliebter Sport bei türkischen Männern, wenn auch die heimischen Mannschaften weniger Erfolge nach Hause bringen als ihre Konkurrenten aus Westeuropa. Scharen andächtiger Zuschauer sitzen gebannt vor den Fernsehschirmen, wenn eines der berühmteren Teams, so zum Beispiel die Istanbuler Galatasaray, ein Spiel austrägt.

Essen und Trinken

Die unglaublich große Auswahl an frischen Zutaten und die Besonderheit der Gerichte machen die türkische Küche zweifellos zu einer der besten der Welt.

Viele Besucher der Türkei sind anfangs von der Vielfalt überwältigt und oft verschreckt. Um »richtig« zu speisen, sollte man sich daher an einige Vorgaben halten: Die Speisekarte ist meist relativ unwichtig, es sei denn, man will eine Vorstellung davon bekommen, was man ausgeben wird. Die *meze* oder Vorspeisen schaut man sich am besten in der Küche an und bestellt sie auch dort. Die Hauptspeise sollte man erst bestellen, wenn man sich ausreichend an *meze* gütlich getan hat, zu denen frisches Weißbrot gereicht wird.

*E*ssen gehen ist meist eine sehr entspannte und erfrischende Angelegenheit.

Den Fisch für den Hauptgang wählt man aus einer Vitrine aus und diskutiert über den Preis im voraus. Lassen Sie sich die türkischen Puddings nicht entgehen – der Kellner wird ihnen sagen, was gerade vorrätig ist. Und noch etwas: die Portionen sind eher klein.

Essen und Trinken

Wo man ißt...

Ein Restaurant heißt *lokanta* oder *restoran*. Einfachere Etablissements, vor allem solche abseits der Touristenzentren, schenken oft keinen Alkohol aus. Viele Restaurants haben sich auf bestimmte Gerichte spezialisiert: in einem *balık lokantası* gibt es Fisch, in einem *kebapcı* oder *kebap salonu* gegrilltes Fleisch (die beliebten Kebabs) und in einem *köfteci* gibt es Hackfleischbällchen. Ein *hazır yemek* ist ein Schnellimbiß, der schon vorbereitete Speisen anbietet.

Wenn Sie leicht essen wollen, dann suchen Sie nach einem *pideci* oder *piede salonu* für türkische Pizza, eigentlich ein Fladenbrot oder ein *mantı evi* für herrliche Teigtaschen mit Joghurtsauce, oder ein *çorbacı* für Suppen. Außerdem gibt es *gözleme* (gefüllte süße oder salzige Pfannkuchen), die von Frauen in traditioneller Tracht als Snack hergestellt werden. Ein *pastane* bietet phantastische Backwaren und Süßigkeiten an, während man an einem *büfe*, einer Art Stand, *lahmacun* (kleine Pizzas) oder Kebapsandwiches bekommt. Straßenverkäufer balancieren

Essen und Trinken

Tabletts mit *simit* (Sesambrötchen) durch die Menge oder verkaufen Maiskolben und *midye tava* (gebackene Muscheln).

und was...

Frühstück

Hier zeigt sich die türkische Küche nicht gerade von ihrer besten Seite, vor allem nicht in Hotels oder Pensionen, wo man meist nur Brot, Butter, Marmelade oder Honig bekommt, vielleicht noch eine Olive und einen Tomatenschnitz, dazu süßen schwarzen Tee, um das ganze hinunterzuspülen. Gehen Sie lieber gleich in ein *pastane* und versuchen Sie dort ein warmes *su böreği*, Blätterteig gefüllt mit mildem Käse und Petersilie. In Touristenzentren erhält man oft auch Englisches Frühstück.

Restaurants liegen oft dicht nebeneinander, was es leichter macht, einen Tisch zu finden.

Suppen

Wie wär's mit »Hochzeitssuppe« (*düğün çorbası*), einer mit Zitrone abgeschmeckten Lammfleischbrühe mit Ei oder einer Suppe aus Hammelkutteln (*işkembe çorbası*)? Türken schwören auf letztere als Geheimwaffe gegen einen Kater.

Vorspeisen

Meze heißen die warmen oder kalten, vielfältigen Appetithappen. Eine Auswahl davon kann eine ganze Mahlzeit ersetzen. Sie werden meist einzeln berechnet, es gibt aber auch *meze*-Buffets. Hauptbestandteil der *meze* ist Gemüse in verschiedenster Zubereitungsart, gefüllt, gebraten oder passiert. Welcher Imam bei der folgenden Zusammenstellung vor Glück die Besinnung verlor, ist nicht überliefert, aber es heißt so – *imam hayıldı* – und besteht aus mit Zwiebeln und Knoblauch gefüllten Auberginen. Gebackene Auberginen heißen *patlıcan kizartması* und mit Zitronensaft oder Joghurt

Essen und Trinken

schaumig gerührte Auberginen *patlıcan salatası*. *Dolması* bedeutet (mit Reis, Rosinen oder Pistazien) gefülltes Gemüse, meist Paprikaschoten, Auberginen, Tomaten oder Weinblätter. Bohnengerichte gibt es in den unterschiedlichsten Ausführungen: *kuru fasulye* (weiße Bohnen in Tomatensauce) oder *fava* (Bohnenpüree). Die verschiedensten Dips, wie Fischrogen mit Zitronensaft und Öl (*tarama*), geschmorter, oder mit Thymian gewürzter Käse (*haydariye*) oder das allgegenwärtige *cacık,* schmecken am besten zum leckeren türkischen *pide* (ungesäuertes Brot). Auch warme Appetitanreger, wie gewürzte Hammelleber (*arnavut ciğeri*), hauchdünne, mit Käse oder Hackfleisch gefüllte Pastetchen (*muska böreği*) oder gebackene Muscheln (*midye tava*) sind sehr schmackhaft. Salat ist meist *çoban salatası* (Bauernsalat), der hauptsächlich aus Tomaten und Gurken (manchmal mit Schafskäse und Oliven) besteht oder der schlichtere *yeşil salata* (grüner Salat).

Fleisch

Eine schmackhafte Spezialität sind Kebaps: Der berühmte *şiş kebap* besteht aus Lamm, Tomaten und Reis. An einem senkrechten Spieß geröstetes und in dünnen Scheiben abgeschnittenes Lammfleisch heißt *döner kebap*. Andere Variationen desselben Themas sind: *İskender kebap* aus Bursa, der aus *döner kebap*-Stücken, Joghurt und Tomatensauce besteht und auf einem *pide*-Brot serviert wird; *fırın kebap* ist gerösteteres Lammfilet, eine Spezialität aus Konya, *Adana kebap* ist ein Rindfleischspieß. Weiters bekommt man immer die berühmten Hackfleischbällchen, *köfte*.

Fisch

Das Angebot an Fangfrischem ist groß. Von Schwertfisch (*kılıç*) und Blaubarsch (*lüfer*) über Thunfisch (*palamut*) und Makrele (*uskumru*) bis zu Meerbarbe (*barbunya*), Sardinen und Sardellen (*sardalya*). Schwertfischspieße (*Kılıç şiş*) sind ein Gedicht.

Essen und Trinken

Nachtisch

Auf Käse müssen Sie wohl verzichten, dafür fühlt man sich bei den Nachspeisen in den Harem versetzt. »Lippen der Schönen« (*dilber dudağı*) und »Frauennabel« (*hanım gobeği*) sind in Öl gebackene Leckerbissen. Unter »Nachtigallennest« (*bülbül yuvası*) versteht man ein mit Walnüssen gefülltes, nestförmiges Gebäck. Das bekannte *baklava* besteht aus Blätterteig mit Pistazien. Auf alles kommt ein Schuß Sirup. Leckermäuler schwärmen von *sütlaç*, Reispudding und *krem karamel*. *Aşure* ist Rosenwassergelee mit Sultaninen, Weizenschrot und bis zu 40 weiteren Zutaten; das Ganze wird auch Noahs Pudding genannt, weil Noah ihn aus Freude über das Ende der 40 Tage und Nächte dauernden Sintflut hergestellt haben soll.

*F*rischer Fisch gibt es zuhauf an der ganzen Küste, wie hier, im Istanbuler Fischmarkt Beyoğlu.

Türkisches Konfekt (*lokum*) ist die bekannteste Schleckerei; der Name *helva* steht für eine ganze Reihe von köstlichen Süßigkeiten.

Getränke

Rakı wird während des Essens pur oder mit Wasser verdünnt

Essen und Trinken

getrunken, wodurch er milchigweiß schimmert. Für Anfänger ist eine Halb-und-Halb-Mischung empfehlenswert, Fortgeschrittene wagen sich an Bier und *rakı* zu gleichen Teilen. Der Bierverbrauch ist hoch, die Qualität gut. Im Lande hergestellter Wodka, Kognak, Whisky oder Gin sind durchaus trinkbar und preiswerter als Importmarken.

Türkische Weine (*şarap*) haben eine fast 9000jährige Tradition, und vielleicht stammen die europäischen Weinstöcke von hier. Trotz der guten Qualität können (oder wollen) sich die Türken nicht so recht dafür begeistern, und so wird nur ein kleiner Teil der Traubenernte zu Wein verarbeitet. Trotzdem gibt es eine große Auswahl an Rot-, Weiß-, Rosé- und Schaumweinen von hoher bis hervorragender Qualität. Das gleiche gilt für Liköre mit Obst-, Kaffee- oder Kakaogeschmack. Ein Gaumengenuß ist der Sauerkirschlikör (*vişne*).

Beim Bestellen von Tafelwasser sollten Sie daran denken, daß unter »Mineral«-Wasser (*maden suyu*) Sprudel verstanden wird. Spezialitäten sind das erfrischende *ayram*, mit Wasser verquirlter Joghurt, und *boza*, ein kalorienreiches, säuerlich schmeckendes Getränk aus gegorener Hirse. In Puddingläden kommt es mit Zimt bestreut auf den Tisch.

Türkischer Kaffee (*kahve*), ein starkes Gebräu, wird mitsamt Satz in winzigen Täßchen ohne Milch oder Sahne serviert. Bestellen Sie die richtige Süße: *sade* (ohne Zucker), *az şekerli* (leicht gesüßt), *orta şekerli* (süß) oder *çok şekerli* (zuckersüß). Lassen Sie den Satz eine Minute »sacken«. Tee (*çay*), das türkische National- und Freundschaftsgetränk, wird den ganzen Tag über heiß, stark und schwarz getrunken. Besuchen Sie einen *çay bahçesi* (Teegarten); dort kann man Tee am stimmungsvollsten genießen.

Laden in Ürgüp, Touristenzentrum und Weingegend in Kappadokien.

Essen und Trinken

Lernen Sie auf türkisch bestellen

Kellner!	**Lütfen bakar mısınız!**
Darf ich in die Küche schauen?	**Mutfağa bir bakabilir miyim?**
Haben Sie fleischlose Gerichte?	**Etsiz yemeşiniz var mı?**
Was können Sie empfehlen?	**Ne tavsiye edersiniz?**
Ist die Bedienung inbegriffen?	**Servis dahil mi?**

...und die Speisekarte lesen

am Spieß	**şiş**	Huhn	**piliç**
Bier	**bira**	Kaffee	**kahve**
Brot	**ekmek** or **pide**	Kartoffeln	**patates**
Eier	**yumurta**	Käse	**peynir**
Fisch	**balık**	Milch	**süt**
Flasche	**şişe**	Puddings	**tatlılar**
Fleisch	**et**	Rechnung	**hesap**
Frucht	**meyve**	Reis	**pilav**
Fruchtsaft	**meyve suyu**	roh	**çiğ**
gebacken	**fırında**	Salat	**salata**
gebraten	**tavada kızarmış**	Speisekarte	**menü**
gebratenes Fleisch	**kebap**	Steak	**bonfile**
		Suppe	**çorba**
gefüllt	**dolması**	Tee	**çay**
gegrillt	**ızgara**	Vorspeisen	**meze**
Glas	**bardak**	Wein	**şarap**

BERLITZ-INFO

Praktische Hinweise von A bis Z

Die türkische Übersetzung von Stichworten (meist in der Einzahl) soll Ihnen helfen, Auskunft oder Hilfe zu erbitten.

ANREISE
(siehe auch AUTOFAHREN, FLUGHÄFEN, ÖFFENTLICHE VERKEHRSMITTEL usw.).

Überlegen Sie sich rechtzeitig, mit welchem Verkehrsmittel und auf welchem Weg Sie die Türkei ansteuern. Außer im Flugzeug erweist sich die Anreise als zeitraubender und anstrengender als man denkt. Bei guter Planung läßt sich jedoch eine individuelle und interessante Reiseroute festlegen, z.B. mit Auto und Schiff. Erkundigen Sie sich bei Ihrem Reisebüro, Automobilklub, einer Fluggesellschaft oder dem Türkischen Fremdenverkehrs- und Informationsamt.

Mit dem Flugzeug. Der wichtigste internationale Flughafen der Türkei liegt in der Nähe von Istanbul (siehe S. 153), doch aus Mitteleuropa werden auch Izmir und Ankara angeflogen. Zahlreiche Reiseveranstalter bieten Pauschalflüge in die Türkei mit Hotelunterkunft an – insbesondere für Istanbul und die Ferienorte der Ägäisküste und des östlichen Mittelmeers, wobei häufig auch Kreuzfahrten und Exkursionen durch geschichtlich interessante Gebiete inbegriffen sind.

Mit dem Schiff. Während der Saison besteht ein regelmäßiger Autofährverkehr zwischen Venedig und Istanbul sowie zwischen Venedig und Ancona bzw. Izmir. Fähren verkehren auch zwischen einigen griechischen Inseln und der ägäischen Küste.

Mit der Bahn. Die tägliche Direktverbindung von München nach Istanbul – mit Schlafwagen bis Belgrad – ist zwar billig, aber eine lange (1½ Tage) und angstrengende Reise in unbequemen, verräucherten und überfüllten Abteilen. Eine andere Möglichkeit ist der Nachmittagszug ab Venedig, der am nächsten Morgen in Belgrad einläuft, erst nachmittags aber die 26 Stunden lange Weiterfahrt nach Istanbul beginnt. Wer gern feudal reisen möchte, bucht eine Sonderfahrt im alten Orient-Express – erster Klasse natürlich.

Mit dem Bus. Einige Busunternehmen lassen ihre Wagen regelmäßig (z.B. ab Hamburg, München, Zürich oder Wien) zum Bosporus rollen. Ein Schnellbus ab München bewältigt die Strecke in rund 40 Stunden.

Mit dem Auto. Auf der gebührenpflichtigen Autobahn kommt man mit viel Geduld und guten Nerven durch Ex-Jugoslawien bis Nisiu. Dann fahren Sie entweder (mit einem Transitvisum) über Bulgarien (Sofia, Plovdiv) oder die längere Strecke über Griechenland (Skopje, Thessaloniki, Kavala, Ipsala). Gesamtstrecke: 2000–4000km!

ÄRZTLICHE HILFE und GESUNDHEIT

Impfungen sind nicht vorgeschrieben aber zum Teil empfohlen (Polio, Tetanus, Typhus und Hepatitis A). Dies gilt auch für Malariavorbeugung bei Reisen in den Südosten des Landes (vor allem um Adana). Erkundigen Sie sich aber bei Ihrem heimischen Gesundheitsamt oder bei Ihrem Arzt nach vorbeugenden Maßnahmen und Medikamenten. Um alle Krankheits-und Schadensfälle abzudecken, sollten Sie eine gute Reiseversicherung abschließen. Lassen Sie sich von Ihrem Reiseveranstalter oder von Ihrer Versicherung beraten.

Vorbeugung. Die »Krankheit«, mit der Sie am ehesten rechnen müssen, ist Durchfall. Die Hygienestandards sind sehr unterschiedlich: versuchen Sie dort zu essen, wo die nicht frisch zubereiteten Speisen gekühlt aufbewahrt werden und essen Sie möglichst keinen ungewaschenen Salat oder ungewaschenes Obst oder Gemüse. Trinken Sie nur in Flaschen abgefülltes Wasser.

Meiden Sie zu große Hitze und Sonnenbestrahlung und cremen Sie sich gut ein. Vergessen Sie Sonnenhut und Getränke nicht. Nehmen Sie ein verläßliches Anti-Mücken-Mittel mit.

Am **Strand** sind Sie für sich selbst verantwortlich, da es keinen Rettungsdienst gibt.

Tollwut gibt es auch in der Türkei, deshalb sind Bisse auch von Haustieren unbedingt zu vermeiden. Achten Sie besonders bei der Besichtigung von archäologischen Stätten auf **Schlangen** und **Skorpione**.

AIDS hat auch die Türkei nicht verschont. Es gibt Kondome zu kaufen, aber es ist besser, sie gleich von zuhause mitzubringen.

Erdbeben gibt es immer wieder (in Dinar, im Südwesten, verloren 1995 mehrere Dutzend Menschen ihr Leben). Achten Sie auf entsprechende Nachrichten.

Behandlung. Es gibt staatliche und private Krankenhäuser (*hastane*); wenn Sie die Wahl haben, entscheiden Sie sich für ein privates. Große Hotels haben einen Arzt in Rufbereitschaft. Zu den ausländischen Krankenhäusern Istanbuls zählen:

Deutsches Krankenhaus, Sıraselviler Caddesi 190, Taksim; Tel. (1) 151 71 00

Österreichisches Krankenhaus St. Georg, Bereketzade Medrese 5–7, Karaköy; Tel. (1) 143 25 90/1

Apotheken, erkenntlich am Schild *Eczane* oder *Eczanesi*, sind zu normalen Geschäftszeiten geöffnet. Falls Sie die Anschrift der Nachtdienstapotheke nicht im Schaufenster finden, erkundigen Sie sich beim telefonischen Auskunftsdienst (011). Manche Medikamente – sogar gängige Mittel wie bestimmte Tabletten gegen Kopfschmerzen – sind manchmal nicht vorrätig; deshalb sollten Sie unbedingt benötigte Arzneien von zu Hause mitbringen.

Wo ist die nächste Apotheke?	**En yakın eczane nerededir?**
Wo finde ich einen Arzt/ Zahnarzt?	**Nerden bir doktor/bir dişci bulabilirim?**
einen Krankenwagen	**bir ambülans**
ein Krankenhaus	**hastane**

Sonnenbrand	**güneş yanığı**
Sonnenstich	**güneş çarptı**
Fieber	**ateü**
Magenverstimmung	**mide bozulması**

AUTOFAHREN

Einreise. Wenn Sie mit dem Wagen in die Türkei fahren, brauchen Sie

- einen gültigen Führerschein (empfehlenswert ist der internationale)
- die Kraftfahrzeugpapiere
- das Nationalitätskennzeichen am Fahrzeug
- die grüne Versicherungskarte. Achten Sie darauf, daß die Haftung sowohl für den europäischen als auch für den asiatischen Teil der Türkei gilt.

Da Sie vermutlich auch durch andere Länder reisen, erkundigen Sie sich bei Ihrem Automobilklub und Ihrer Versicherung über die jeweiligen Bestimmungen.

In der Türkei sind außerdem *zwei* reflektierende Warndreiecke und ein Erste-Hilfe-Kasten im Wagen vorgeschrieben. Motorrad- und Beifahrer müssen Sturzhelme tragen.

Verkehrsregeln. In geschlossenen Ortschaften sind 50 km/h, auf Landstraßen 90 km/h und auf Autobahnen 130 km/h zugelassen. Rechts hat Vorfahrt. Sicherheitsgurte sind obligatorisch. Alkohol am Steuer ist streng verboten. Falls Sie mit einem Leihwagen einen Unfall bauen, lassen Sie unbedingt einen Alkoholtest machen: nur bei negativem Ergebnis läßt die Versicherung mit sich reden. Bei jedem Unfall muß die Polizei geholt werden, um einen Bericht zu erstellen, das gilt vor allem auch im Hinblick auf die Versicherung bei Mietwagen.

Verkehrsverhältnisse. Außerhalb der Städte und der Touristengegenden kann das Autofahren zum Vergnügen werden, da man immer die herrliche Landschaft bewundern kann. In Istanbul und Ankara gleicht das Autofahren eher einem Alptraum, wobei die türkischen

Fahrer als ziemlich verwegen und rücksichtslos gelten. Besonders gefährlich sind die dreispurigen Autobahnen, bei denen die mittlere Spur als Überholspur für beide Richtungen dient. Die Straßenbeleuchtung läßt oft zu wünschen übrig.

Hauptstraßen sind meist in gutem Zustand, was man von den Nebenstraßen häufig nicht behaupten kann. Die neuen Autobahnen (mit geringer Gebühr) zwischen Instanbul, Edirne und Ankara und um Izmir sind gut und wenig befahren.

Pannen. Bei einer Panne mit dem Mietwagen rufen Sie die Nummer an, die Sie bei der Übergabe erhalten haben, im übrigen den Türkischen Touring- und Automobilklub (TTOK) unter der rund um die Uhr erreichbaren Nummer (212) 2804449. Für Reifenreparaturen suchen Sie nach dem Schild *lastikçi*.

Verkehrspolizei (*Trafik Polisi*). Die Polizei richtet sich oft über Lautsprecher an die (mutmaßlichen) Verkehrssünder. Sie kann vor Ort Geldstrafen verhängen und einfordern. Auf Autobahnen richtet Sie Geschwindigkeits- und Fahrzeugkontrollen ein.

Parken. Parksünder müssen damit rechnen, daß ihr Auto abgeschleppt wird. Parken Sie in den Städten am besten auf einem offiziellen Parkplatz (*otopark*).

Benzin (*gasolina*) ist relativ billig. Tankstellen sind meist rund um die Uhr geöffnet. Lassen Sie sich von der Mietwagenagentur nicht »beschwatzen«, die meisten Wagen brauchen nicht unbedingt *Super*, sondern geben sich auch mit *Normal* zufrieden. Bleifreies Benzin (*kurşunsuz*) ist nur selten erhältlich.

Verkehrszeichen. Die meisten Schilder weisen die in ganz Europa bekannten Symbole, einige jedoch eine türkische Beschriftung auf:

Azami park 1 saat	Parkdauer auf 1 Stunde begrenzt
Bozuk yol/satıh	Schlechte Fahrbahn
Dikkat	Vorsicht
Dur/Durmak yasaktır	Stop/Halteverbot
Düsük banket	Seitenstreifen nicht befahrbar
Klakson çalmak yasaktır	Hupen verboten

Hastane	Krankenhaus
Kaygan yol	Schleudergefahr
Park yapılmaz	Parkverbot
Tamirat	Baustelle
Yavaş	Langsam fahren

Sind wir auf der richtigen Straße nach…?	**… için doğru yolda mıyız?**
Bitte volltanken.	**Doldurun, lütfen.**
Kontrollieren Sie bitte das Öl/ die Reifen/die Batterie.	**Yağı/Havayı/Aküyü kontrol edebilir misiniz, lütfen.**
Ich habe eine Panne.	**Arabam arzalandı.**
Es ist ein Unfall passiert.	**Bir kaza oldu.**

AUTOVERLEIH (araba kiralama)
(siehe auch AUTOFAHREN, S. 147)

Mietwagen sind in der Türkei so teuer wie anderswo in Europa. Da die öffentlichen Verkehrsmittel sehr billig und gut sind, sollte man sich gut überlegen, ob man sich den Luxus eines eigenen Transportmittels wirklich leisten will.

Reservierung. Internationale und einheimische Verleihfirmen haben ihre Niederlassungen in allen großen Städten, in den Touristengegenden und auf den wichtigsten Flughäfen.

Preise. Siehe Geldangelegenheiten, S. 155. Oft ist es einfacher und billiger, sich um den Mietwagen von zuhause aus zu kümmern. Auch bei Pauschalangeboten kommt man häufig relativ billig zu einem Mietwagen. Jeeps sind zwar sehr beliebt, kosten aber im Vergleich zu anderen Wagen das Doppelte und verbrauchen mehr Benzin. Eine Mietdauer von drei bis vier Wochen setzt den Preis beträchtlich herab, das gleiche gilt für die Wintermonate.

Bedingungen. Der Fahrer muß im Besitz eines gültigen nationalen oder internationalen Führerscheins sein. Das Mindestalter beträgt normalerweise 21, bei größeren Wagen oft 25 oder 30. Wer nicht mit

Kreditkarte bezahlt, muß eine relativ hohe Kaution hinterlegen. Weisen Sie den Vermieter darauf hin, wenn eine weitere Person den Wagen lenken soll.

Versicherungen. Oft wird bei der Übergabe eine Unfallversicherung angeboten die aber meist nur eine Doppelversicherung gegenüber der ohnehin schon bestehenden Reiseversicherung darstellt. Völlig unnötig ist die Kollisionsversicherung (die schon inbegriffen ist, falls Sie den Wagen von zuhause aus gemietet haben), denn sie bezahlt keine zerbrochenen Scheiben oder kaputte Reifen.

Rückgabe. In einem großen Land wie der Türkei ist die oft gebotene Möglichkeit, den Wagen an einem anderen Ort als dem der Übernahme zurückgeben zu können, sehr angenehm, besonders in Verbindung mit einem Flug.

Pannen. Untersuchen Sie den Wagen vor der Übergabe sehr genau. Lassen Sie sich eine Telefonnummer für den Fall einer Panne geben.

Ich möchte ein Auto mieten.	**Bir araba kiralamak istiyorum.**
für einen Tag/eine Woche	**bir gün/bir hafta için**

BEHINDERTE REISENDE

Für diese Personengruppe ist die Türkei leider nicht einfach. Es gibt jedoch Listen mit Hotels, die Behinderten einige Erleichterungen bieten können.

BESCHWERDEN

Verlangen Sie den Geschäftsführer. Wenn das nichts hilft, wenden Sie sich an die Vertretung Ihrer Reisegesellschaft oder an das örtliche Fremdenverkehrsbüro, wenn Sie allein reisen. Setzen Sie mit Reiseführern, Taxifahrern und in Restaurants den Preis im voraus fest – Sie ersparen sich damit mögliche Unannehmlichkeiten.

C

CAMPING (*kamping*)

Das Ministerium für Kultur und Tourismus (siehe FREMDEN-VERKEHRSÄMTER, S. 154) gibt eine Broschüre mit der Beschreibung von etwa 130 registrierten Campingplätzen heraus. Sie bieten meist Duschen, Toiletten, Koch- und Waschgelegenheiten, einen Laden, ein Restaurant und verfügen über Platz für Wohnwagen. Manche vermieten auch kleine Wohnhäuschen. Dazu gibt es in den Touristengegenden an der Küste und in Kappadokien noch etwas primitivere Campingplätze, die sich mit Pensionen zusammengetan haben. Die Plätze sind normalerweise von April oder Mai bis Oktober geöffnet.

Gibt es hier in der Nähe einen Campingplatz?	**Yakında kamping yeri var mı?**
Dürfen wir hier zelten?	**Burada kamp yapabilir miyiz?**

D

DIEBSTAHL und VERBRECHEN
(siehe auch NOTFÄLLE, S. 160 und POLIZEI, S. 163)

Die Türkei ist ein sehr sicheres Land. Dennoch sollten Sie ihre Wertsachen im Hotelsafe lassen und vor allem auf Märkten auf Ihre Besitztümer achten. Alle Drogendelikte werden mit schweren Gefängnisstrafen geahndet.

F

FAHRRAD- UND MOTORRADVERLEIH

Am schönsten läßt sich wegen der kurzen Entfernungen und des nicht besonders starken Verkehrs Kappadokien mit dem Fahrrad erkunden. Motorräder kann man in den Urlaubsorten mieten; normalerweise muß man den (Motorrad)führerschein vorzeigen. Vergewissern Sie sich, daß im Mietpreis alle Versicherungen und Taxen inbegriffen sind, und tragen Sie einen (gesetzlich vorgeschriebenen) Helm.

FEIERTAGE (milli bayramlar)

An den nachstehenden (staatlichen) Feiertagen sind Banken, Schulen, Büros und Geschäfte geschlossen.

1. Januar   Neujahr

23. April   Tag der Nationalen Unabhängigkeit und Tag des Kindes (Gedenken an das erste Republikanische Parlament von 1920).

19. Mai   Tag des Sports und der Jugend, Atatürk-Tag (Atatürks Geburtstag)

30. August Tag des Sieges (gegen die Griechen, 1922)

29. Oktober Tag der Republik (Ausrufung der Republik 1923)

Daneben gibt es zwei wichtige islamische Feste, die sich nach dem Mondkalender richten und daher jedes Jahr 10 bis 12 Tage früher beginnen. Das erste beendet die vierwöchige Fastenzeit und die Zeit der Gebete, den Ramadan (*Ramazan*), und heißt Şeker Bayramı (Zuckerfest – 1997, 8. bis 11. Februar); es dauert drei bis fünf Tage. Zwei Monate und zehn Tage später folgt *Kurban Bayramı* (Opferfest), das vier bis fünf Tage lang gefeiert wird; es erinnert an das Opfer Abrahams. 1997 dauert es vom 17. bis zum 21. April. Während dieser Feste werden keine Geschäfte abgeschlossen, und Transportmittel sowie Hotels am Meer sind ziemlich ausgebucht.

FLUGHÄFEN (havaalanı)
(siehe auch ÖFFENTLICHE VERKEHRSMITTEL, S. 160, und ANREISE, S. 144)

Der Hauptflughafen des Landes ist der Istanbuler Flughafen Atatürk, 24 km südwestlich der Stadt. Zwischen dem internationalen und dem Inlandterminal besteht ein unentgeltlicher Busdienst. Andere wichtige Flughäfen: Esenboğa, 33 km nördlich von Ankara und Adnan Menderes, 18 km südöstlich von Izmir. Es gibt jeweils eine

Busverbindung zur Stadt, aber Taxis sind schneller, bequemer und billiger. Bezahlen Sie nur den auf dem Taxameter angegebenen Preis.

Pauschalreisende, die die ägäische Küste besuchen, landen in Izmir, während die Besucher der Küste zwischen Marmaris und Kaş am Flughafen Dalaman (westlich von Fethiye) ankommen. Der Flughafen von Antalya ist Ankunftsflughafen für Urlauber mit Zielen zwischen Kemer und Alanya. Für 1997 ist die Eröffnung eines neuen Flughafens bei Bodrum geplant.

FOTOGRAFIEREN

Filme sind zwar relativ leicht zu bekommen, aber nicht billig. Es gibt jede Menge Angebote für Schnellentwicklung. In Museen ist das Fotografieren mit Stativ meist verboten. Das Fotografieren von laufenden Ausgrabungsarbeiten an archäologischen Stätten ist ebenfalls verboten. Wenn Sie Einheimische, vor allem Frauen auf dem Land, aufnehmen wollen, bitten Sie vorher um ihr Einverständnis.

Was kostet die Entwicklung? **Banyo için ne kadar ücret alıyorsunuz?**

FRAUEN ALLEIN UNTERWEGS

Ausländischen Frauen als Einzelreisenden wird oft die wenig willkommene Aufmerksamkeit von türkischen Männern zuteil. Um dies zu vermeiden, sollten Sie sich unauffällig kleiden und vor allem außerhalb größerer Touristenzentren nach Einbruch der Dunkelheit nicht ohne männliche Begleitung ausgehen.

FREMDENVERKEHRSÄMTER (*turizm danişma bürosu*)

Türkische Fremdenverkehrsämter sind zwar allgegenwärtig, aber nur in den seltensten Fällen in der Lage, ausreichende Informationen zu liefern. Meistens kann man von ihnen aber wenigstens einen Stadtplan bekommen. Reisebüros sind in der Regel wesentlich mitzlicher.

Die Büros der Fremdenverkehrsämter liegen gewöhnlich am Hauptplatz eines Ortes bzw. in der Nähe des Hafens. Im folgenden die Adressen in den wichtigsten Städten:

Istanbul:
Meşrutiyet Caddesi 57, Tepebaşı, Beyoğlu; Tel. (212) 243 3472.
Niederlassungen: Divan Yolu in Sultanahmet und im Hilton Hotel in Taksim.

Izmir:
Atatürk Caddesi 418, Alsancak; Tel. (232) 422 1022.

Antalya:
Cumhuriyet Caddesi 91; Tel. (242) 241 1747.
Ein kleines Büro befindet sich über der Treppe am Südende des Hafens.

Ankara:
Gazi Mustafa Kemal Bulvarı 121, Tandoğan; Tel. (312) 229 2631.

Türkische Fremdenverkehrsbüros im Ausland:

Bundesrepublik Deutschland:
Baseler Str. 37, 60327 Frankfurt am Main 1; Tel. (069) 23 30 81
Karlsplatz 3, 80335 München 2; Tel. (089) 59 49 02.

Österreich:
Mahlerstr. 3, 1010 Wien; Tel. (0222) 512 21 28/29.

Schweiz:
Talstraße 74, 8001 Zürich; Tel. (01) 221 08 10/12.

Wo ist das Fremdenverkehrsamt?   **Turizim bürosu nerede?**

GELDANGELEGENHEITEN

Währung. Währungseinheit ist die türkische *lira* (Abk. TL).

Münzen: TL1000, 2500 und 5000.

Scheine: TL 10 000, 20 000, 50 000, 100 000, 250 000, 500 000 und 1 000 000.

Harte Währungen werden vor allem in Urlaubsorten mit Freuden angenommen, oft sind die Preise schon in Dollar, DM oder Englischem Pfund angegeben.

Geldwechsel. **Banken** (*banka*) sind Montag bis Freitag 8.30 oder 9.00 bis 17.00 oder 17.30 Uhr geöffnet – mit einer Mittagspause von 12.30 bis 13.00 bzw. 13.30 Uhr. Geldwechsel ist im allgemeinen bis 16.00 Uhr möglich. Außerhalb dieser Zeiten können Sie Ihr Geld in größeren Hotels umtauschen, allerdings zu einem ungünstigen Kurs. Manche Banken haben eigene Schalter, die auch Reiseschecks u. ä. wechseln; sie sind gewöhnlich täglich (auch am Wochenende) von 8 bis 20 Uhr geöffnet. Auch einige **Postämter** wechseln Geld. Den besten Kurs bieten die *döviz,* eigene **Wechselstuben**.

Nehmen Sie nur wenig türkisches Geld von zu Hause mit, denn der Wechselkurs in der Türkei ist besser als im Ausland. Beachten Sie auch die galoppierende Inflation und wechseln Sie immer nur geringe Beträge. Es ist günstiger, Bargeld zu wechseln als Reiseschecks. Halten Sie Ihren Reisepaß bereit und heben Sie die Quittung auf.

Euroschecks, Reiseschecks, Kreditkarten. Euroschecks können Sie in den größeren Geschäftsstellen der wichtigsten Banken einlösen. Kreditkarten werden in Hotels und überall dort als Zahlungsmittel angenommen, wo man an Touristen gewöhnt ist.

Ich möchte D-Mark/Schilling/ Schweizer Franken wechseln.	**Alman markı/Avusturya şlini/ isviçre frangı bozdurmak istiyorum.**
Kann ich mit Kreditkarte zahlen?	**Bu kredi kartımla ödeyebilir miyim**?

HOMOSEXUALITÄT

Homosexualität ist zwar erlaubt, zeigt sich aber nicht und wird meist hinter einer heterosexuellen Fassade versteckt. Der *Spartacus international Gay Guide* (in Englisch, Französisch, Italienisch und

Deutsch) gibt ein paar Hinweise auf Hotels und Bars in der Türkei, die bei Homosexuellen beliebt sind.

HOTELS und andere UNTERKüNFTE
(Siehe auch CAMPING, S. 151, und HOTELEMPFEHLUNGEN, S. 172)

Hotels (*otel*) sind in fünf Kategorien unterteilt. Fünf- und Viersterne-Hotels gibt es in den größeren Städten und Touristenzonen; sie verfügen meist über Schwimmbad, Restaurants mit internationaler Küche, klimatisierte Zimmer und manchmal Kasinos. An der ägäischen und an der Mittelmeerküste liegen einige sehr attraktive Feriendörfer (*tatil köyü*) mit allen möglichen Freizeitangeboten. Dreisterne-Hotels sollten über gute Zimmer verfügen, während Zweisterne- und Ein-stern-Hotels ziemlich einfach sind. Motels (*motel*) entsprechen den Hotels. Die schönsten Hotels befinden sich meist in alten Karawansereien oder in alten ottomanischen Herrenhäusern in Istanbul oder Antalya.

Pensionen (*pansiyon*) sind für nicht so gut betuchte Reisende. Einige sind reizend, andere reichlich primitiv und unsauber. Die meisten verfügen über Mindesteinrichtungen, aber erwarten Sie nicht immer einen Duschvorhang oder heißes Wasser.

Für Einzelreisende sind **unabhängige Unterkünfte** nur schwer zu haben, werden aber von einigen Reiseveranstaltern angeboten. Am besten sucht man sich umgebaute Villen oder Häuschen in Küstenorten, wie beispielsweise auf der Halbinsel von Bodrum.

Dazu noch ein paar Tips.

- In den Monaten Juli und August muß meist ein Zuschlag für die Klimaanlage bezahlt werden.
- Besorgen Sie sich bereits zu Hause einen Adapter für Steckdosen.
- Rüsten Sie sich für den Aufenthalt in einfachen Unterkünften mit Seife, Handtuch und Toilettenpapier aus.
- Das Wasser wird oft mit Sonnenenergie geheizt, weshalb heißes Wasser eher am Abend verfügbar ist.

- Frühstück (siehe S. 137) ist meist nicht im Preis inbegriffen und nicht besonders attraktiv: weichen Sie lieber dem Hotelfrühstück aus und nehemen Sie einen Snack in einem Straßencafé ein.
- Manche geschäftstüchtige Hotelinhaber bestehen darauf, daß ihre Gäste Halbpension nehmen; vermeiden Sie dies nach Möglichkeit – das Essen in den Restaurants ist gemeinhin wesentlich besser.
- Wenn Sie nicht auch beim Morgengrauen vom Muezzin geweckt werden wollen, sollten Sie Hotels in der Nähe von Moscheen meiden.
- Sehen Sie sich das Hotelzimmer an, bevor Sie zusagen, und verhandeln Sie über den Preis – die ausgehängten Zimmerpreise sind Maxima.

Ich möchte ein Einzel-/ Doppelzimmer.	**Tek/çift yataklı bir oda istiyorum.**
Was kostet eine Übernachtung?	**Bir gecelik oda ücreti ne kadar?**

J

JUGENDHERBERGEN

Angesichts des großen Angebots an billigen Hotels und Pensionen sind Jugendherbergen äußerst spärlich gesät. Laut Angaben des Internationalen Jugendherbergsverbands gibt es in der Türkei nur zwei dem Verband angeschlossene Jugendherbergen: eine in Istanbul und eine in Marmaris.

K

KARTEN und PLÄNE

Das Ministerium für Kultur und Tourismus gibt unentgeltlich eine Straßenkarte des Landes sowie detaillierte Stadtpläne von Istanbul,

Ankara, Izmir und Antalya heraus. Es empfiehlt sich dennoch, schon zu Hause nach guten Karten Ausschau zu halten.

KLIMA und KLEIDUNG

Nachstehend finden Sie die durchnittlichen täglichen Höchst- und Tiefsttemperaturen.

Ankara:	J	F	M	A	M	J	J	A	S	O	N	D
max	4	6	11	17	23	26	30	31	26	21	14	6
min	-4	-3	-1	4	9	12	15	15	11	7	3	-2
Istanbul:	J	F	M	A	M	J	J	A	S	O	N	D
max	8	9	11	16	21	25	28	28	24	20	15	11
min	3	2	3	7	12	16	18	19	16	13	9	5
Izmir:	J	F	M	A	M	J	J	A	S	O	N	D
max	13	14	17	21	26	31	33	33	29	24	19	14
min	4	4	6	9	13	17	21	21	17	13	9	6

* Die Tiefsttemperaturen wurden kurz vor Sonnenaufgang, die Höchsttemperaturen nachmittags gemessen.

Die angenehmsten Reisezeiten für die Türkei sind Frühling und Herbst. Die Sommer an den Küsten des Marmara-Meeres und der Ägäis sind heiß, die Winter am Mittelmeer mild. In der Nähe des Schwarzen Meeres kann es zu jahreszeitlich bedingten Regenschauern kommen, und in einigen Gebieten Anatoliens ist mit überraschenden Gewitterstürmen zu rechnen – also aufgepaßt, wenn Straßenschilder mit aufgespanntem Regenschirm darauf hinweisen. Istanbuls Regenzeit beschränkt sich normalerweise auf Januar/Februar. In der östlichen Türkei sind sengende Sommerhitze und strenge Winter keine Seltenheit.

Wenn Sie viele Besichtigungstouren vorhaben, sollten Sie die angenehmeren Monate April und Mai bzw. September und Oktober wählen und die Sommermonate meiden.

Kleidung. Für den Aufenthalt am Meer sollten Sie leichte lockere Kleidung wie T-Shirt und Shorts einpacken sowie etwas schickere für den Restaurantbesuch und zum Tanzengehen. Bei einem Besuch historischer Stätten kommen Sie ohne Kopfbedeckung, Sonnenbrille und bequeme Schuhe nicht aus. In der Stadt sollten Sie mehr oder weniger »förmlich« gekleidet sein; besonders abends ziehen sich die Türken eleganter an.

Die Nächte können frisch sein, und ein Pullover oder eine Weste sollten in Ihrem Koffer nicht fehlen. Im östlichen Teil des Landes brauchen Sie mindestens einen Anorak, besonders wenn Sie den Sonnenaufgang am Nemrut Dağı erleben wollen, denn in den Bergen kann es überraschend kalt werden. Vergessen Sie nicht, einen Regenschirm mitzunehmen, und stecken Sie auch gleich eine Schutzcreme gegen die Stechmücken ein, die Ihnen in der Gegend von Silifke und an bestimmten Abschnitten der Südküste um die Ohren summen.

Für eine Reise im Winter sollten Sie genügend warme Kleidung mitnehmen; türkische Winter können sehr kalt werden.

Bei einem Besuch in der Moschee lassen Sie Ihre Schuhe am Eingang stehen; tiefe Ausschnitte, Miniröcke und Shorts, aber auch bloße Arme gelten als anstößig. Beim Gebet sollte jeder Besucher, ob weiblich oder männlich, den Kopf bedecken.

KONSULATE und BOTSCHAFTEN (konsolosluk; elçilik)

Wenn Sie in Schwierigkeiten geraten, wenden Sie sich an das Konsulat oder die Botschaft Ihres Landes:

Bundesrepublik Deutschland. *Botschaft:* Atatürk Bulvarı 114, Kavaklidere, Ankara; Tel. (4) 126 54 65/126 54 51. *Generalkonsulat:* Inönü Caddesi 16–18, Gümüşsuyu, Istanbul; Tel. (1) 151 54 04–07.

Österreich. *Botschaft:* Atatürk Bulvarı 189, Kavaklidere, Ankara; Tel. (4) 134 21 72/3. *Generalkonsulat:* Silahhane Caddesi 59/4, Teșvikiye, Istanbul; Tel. (1) 140 54 72/146 37 69.

Schweiz. *Botschaft:* Atatürk Bulvarı 247, Kaviklidere, Ankara; Tel. (4) 167 55 55/56, 167 11 98. *Generalkonsulat:* Hüsrev Gerede Caddesi 75/3, Teșvikiye, Istanbul; Tel. (1) 159 11 15/6/7/8.

N

NOTFÄLLE
(siehe auch Konsulate, S. 160, Ärztliche Hilfe, S. 145, und Polizei, S. 163)

Folgende Nummern können Sie von einer öffentlichen Telefonzelle nur mit einer Telefonkarte oder einem *jeton* anrufen.

Polizei	**155**
Krankenwagen	**112**
Feuer	**110**

O

ÖFFENTLICHE VERKEHRSMITTEL
(siehe auch Fahrrad- und Motorradverleih, S. 152, Autoverleih, S. 149, Autofahren S. 147, Rundfahrten, S. 166; für Transport in Istanbul siehe S. 30)

Dolmuş sind Sammeltaxis – ein Mittelding zwischen Taxi und Bus (*dolmuş* heißt »gefüllt«). Stellen Sie sich an eine der durch ein »D« gekennzeichneten Haltestellen oder warten Sie einfach auf ein Auto mit der entsprechenden Angabe auf der Windschutzscheibe. Dolmuş fahren vorgeschriebene Strecken ab, auf denen Sie überall aussteigen können. Sie sitzen zwar recht beengt zwischen den anderen Mitfahrern, kommen aber billig und problemlos voran.

Taxis (*taksi*) sind mit Taxametern ausgestattet. Um Mißverständnisse zu vermeiden, empfiehlt es sich, dem Fahrer, der meist nur Türkisch spricht, einen Zettel mit dem Fahrtziel zu zeigen. Bezahlen Sie keine angeblich niedrigen Preise für kurze Strecken, der Taxameterpreis ist fast immer niedriger. Für längere Strecken sollte man den Preis vorher festlegen.

Fähren (*feribot*). Die *Turkish Maritime Lines* (TML) unterhalten einen Fährendienst auf dem Schwarzen Meer zwischen Istanbul und Trabzon; die Fahrt dauert zwei Tage; außerdem kann man eine Nachtfahrt von Istanbul nach Izmir machen; beide Fähren starten einmal pro Woche – reservieren Sie rechtzeitig. Schön ist auch eine Fahrt mit einem Luftkissenboot von Istanbul nach Yalova auf dem Weg nach Bursa. Zur Überquerung der Dardanellen startet stündlich eine Autofähre. Das Hauptbüro der TML befindet sich in Istanbul, Rıhtım Caddesik Karaköy, Tel. 212 2499222.

Überlandbusse. Die Türkei ist von einem ausgezeichneten Busnetz überzogen. Mit Bussen gelangen Sie billiger, sicherer, oft schneller und – wenn Sie ein modernes Modell mit Klimaanlage wählen – zudem auch bequemer ans Ziel als mit der Bahn. Fahrkarten sind in bestimmten Verkaufsstellen erhältlich; am preisgünstigsten sind sie jedoch direkt an der Bushaltestelle (*otogar*). Kaufen Sie die Fahrkarten möglichst am Tag vor der Fahrt.

In Istanbul starten Überland- und Minibusse vom Busbahnhof Topkapı Œtogarı – nicht zu verwechseln mit dem ganz woanders liegenden Topkapı Palast –, der nach Fahrtzielen geteilt ist; vom Trakya Otogarı fahren die Busse in westlicher, vom Anadolu Otogarı in östlicher Richtung ab; letztere auch von der Haltestelle Harem auf der asiatischen Seite.

Eisenbahn. Auf einigen Hauptstrecken verkehren schnelle, bequeme Züge der Staatlichen Türkischen Eisenbahn (TCDD). Zu den besten zählen die Züge zwischen Istanbul und Ankara (10 Stunden) – vor allem der *Fatih Ekspresi* – und die zwischen Istanbul und Izmir (teilweise auf dem Seeweg, 11 Stunden). Wählen Sie immer einen *ekspres* oder einen *mavi tren* (Blauer Zug) und reservieren Sie Ihre

Fahrkarte. *Tren Tour*-Karten bieten unbeschränktes Zugfahren für alle unter 26. Für diese Gruppe gilt auch der InterRail-Paß.

Flugzeug. Die türkische Fluggesellschaft (THY) unterhält regelmäßige Flugverbindungen zwischen Istanbul, Ankara, Izmir und Antalya sowie mit den nördlichen und östlichen Städten wie Trabzon, Erzurum und Van. Die Preise sind verhältnismäßig niedrig, und die THY bietet für In- und Auslandsflüge günstige Sondertarife für Familien, Sportgruppen (ab 5 Personen), Studenten (im Alter von 12 bis 26/28 Jahren), Kinder (2 bis 12) und über Sechzigjährige an.

Wann geht die Fähre/der Bus/der Zug nach…?	**…bir sonra ki vapur / otobüs / tren saat kaçta?**
Wo ist die Bushaltestelle?	**Otobüs durağı nerededir?**
Fahrkarte	**bilet**
Einfach	**gidiş**
Rück(Rund)fahrt	**gidiş-dönüş**
Fahrplan	**tarife**
Können wir hier halten, bitte.	**Durabilir miyiz, lütfen.**

ÖFFNUNGSZEITEN
(siehe auch Feiertage, S. 152)

Ämter und Banken sind montags bis freitags 8.30-12 Uhr und 13.30-17 Uhr, Wechselstuben (*döviz*) montags bis samstags 9-18 Uhr, in Urlaubsorten täglich von 9-21 Uhr geöffnet. An der Mittelmeerküste und an der ägäischen Küste schließen die Banken während der Sommermonate meist nachmittags.

Museen sind gemeinhin von 9/9.30 bis 17/17.30 geöffnet, sind aber montags geschlossen. Wichtige Ausgrabungsstätten öffnen täglich von 8/8.30 Uhr bis zur Abenddämmerung (etwa 19 Uhr im Sommer, 17.30 Uhr im Winter). Für Öffnungszeiten in Istanbul siehe S. 37.

Hauptpostämter sind montags bis samstags 8-24 Uhr offen, geöffnet die Serviceleistungen um 20 Uhr eingestellt werden. Sonntags meist 9-19 Uhr geöffnet. Für kleine Postämter gelten oft dieselben Öffnungszeiten wie für Fremdenverkehrsbüros.

Geschäfte in den Städten sind montags bis samstags 9-19 Uhr geöffen, in Urlaubszentren oft täglich bis 24 Uhr.

Fremdenverkehrsämter sind normalerweise werktags 8.30-12.30 Uhr und 13.30-17.30 Uhr geöffnet, in größeren Urlaubszentren 8-20 Uhr.

Türkische Bäder öffnen um 7 oder 8 Uhr und schließen irgendwann zwischen 20 Uhr und Mitternacht.

Wann ist es geöffnet? **saatlerde açıktır?**

POLIZEI

Die regulären Beamten tragen grüne Uniformen, die Marktpolizisten blaue und die *jandarma*, ein auf dem Land eingesetztes Armeekorps, khakifarbene; die Verkehrspolizei *trafik polisi* (siehe auch AUTOFAHREN, S. 147) ist vor allem schick gekleidet. Die Notrufnummer der Polizei ist **155**.

Wo ist die nächste Polizeistation? **En yakin karakol nerede?**

POST UND FERNMELDEVERKEHR

Postämter (*postane*) erkennen Sie an den schwarzen Buchstaben PTT (*Posta, Telefon, Telgraf*) auf gelbem Grund. Die Briefkästen (*posta kutusu*) sind gelb. *Yurt dişi* steht für »Ausland«, *Yurt içi* für »Inland« und *şehir içi* für »lokal«. Für postlagernde Sendungen lautet die Anschrift: *Merkez postanesi* (Hauptpostamt) und der Name Ihres Ferienorts. Große Hotels haben ihren eigenen Postdienst oder kümmern sich am Empfang um Ihre Post. *Pul* sind Briefmarken.

Telefon. Vom Hotelzimmer aus zu telefonieren ist meist sehr teuer. In den Telefonzellen kann man mit *jetons* oder Telefonkarten (*telekart*) – beides wird in den Postämtern oder bestimmten Geschäften verkauft – telefonieren, was auch für die Postämter gilt. In Touristengegenden gibt es oft Warteschlangen zum Telefonieren. Faxmöglichkeiten gibt es in den Postämtern.

Sie wollen ins Ausland anrufen: Hörer abnehmen, Telefonmünze einwerfen, 00 wählen, Summton abwarten, die Vorwahl des Landes wählen (BRD 49, Schweiz 44, Österreich 43), dann die Ortsvorwahl ohne 0 und schließlich die Nummer des Teilnehmers. Innerhalb der Türkei wählen Sie die 0, dann die Vorwahl und schließlich die siebenstellige Teilnehmernummer. Am späten Abend und am Sonntag kosten die Telefongespräche weniger.

Eine Briefmarke für diesen Brief/ diese Postkarte, bitte.	**Bu mektup / kart için bir pul, lütfen.**
Ich möchte nach Deutschland telefonieren.	**Almanyaya telefon etmek is tiyorum.**
R-Gespräch	**ödemeli**

PREISE

Anhand der nachstehenden Preisbeispiele in Dollar ($) – der Kurs der türkischen Lira fällt von Woche zu Woche – können Sie sich bereits ein ungefähres Bild von den Lebenshaltungskosten in Ihrem Urlaubsland machen. Bedenken Sie dabei, daß es sich um Durchschnittspreise handelt. Studenten mit entsprechenden Ausweisen erhalten Ermäßigung für Inlandsflüge, Fähren, Züge und Museen.

Ausflüge/Rundfahrten. Tagestour mit Bus $ 23-31.

Autoverleih. Ein Mittelklassewagen, der in der Türkei gemietet wird etwa $ 70 pro Tag, $ 420 pro Woche.

Boot. Ein kleines Motorboot mit Steuermann etwa $ 80 pro Tag.

Camping. Bis $ 15 für 2 Personen mit Zelt pro Nacht.

Bus. Istanbul–Izmir $ 19, Istanbul–Bursa $ 6.

Hotels. Siehe die Liste der »Hotels und Restaurants« auf S. 172.

Inlandflüge. Istanbul–Ankara $ 106 einfach, Istanbul-Antalya $ 112 (Rückfahrtickets kosten das Doppelte).

Mahlzeiten und Getränke. Frühstück $ 3, Mittag- oder Abendessen (gutes Mittelklasse-Restaurant, Wein inbegriffen) $ 23. Essen in einem Kebabrestaurant $ 9, Getränke inbegriffen. Flasche Wein ab $ 6, türkischer Kaffee ab $ 0,45, kleine Flasche Bier ab $ 0,90, alkoholfreies Getränk $ 0,90; Tee oder Kaffee in einem Café $ 0,90.

Motorradverleih. $ 23 pro Tag.

Museen/Sehenswürdigkeiten. Kleines Museum / Ausgrabungsstätte $ 1-2. Topkapı, Ephesus $ 5.

Telefongespräche. Vom Postamt aus kostet die Minute in andere europäische Länder etwa $ 1,50.

Taxi. *Istanbul:* Taxi vom Flughafen ins Stadtzentrum $ 13, Sultanahmet bis Taksim $ 4,50. Zwischen Mitternacht und sechs Uhr früh 50% Aufschlag.

Unterhaltung. Türkisches Kabarett mit Abendessen, Bauchtanz und Volksmusik $ 47; Nachtclub bis $ 11.

Wassersport. Pedalo/Kanu $ 6 pro Stunde; Surfen $ 11 pro Stunde; Parasailing $ 31; Tauchen $ 39 pro Tag.

R

RELIGION
(siehe auch S. 33)

Die nationale Religion ist der Islam, doch sind in der Türkei Staat und Religion getrennt. Deshalb genießen die Nichtmoslems (etwa 1% der Bevölkerung) völlige Religionsfreiheit.

RADIO UND FERNSEHEN (*radyo, televizyon*)

Die Stimme der Türkei strahlt täglich in der Mittagszeit auf Kurzwelle ein Programm in englischer Sprache aus. TRT (*Turkish Radio and Television*) III bringt jeden Tag mehrmals Kurznachrichten und Wetterberichte auf UKW in englischer, französischer und deutscher Sprache.

Es gibt zwei staatliche und vier private Fersehsender. Alle Vier- und Fünfsternehotels haben Satellitenfernsehen.

RUNDFAHRTEN
(siehe auch ANREISE, S. 144)

Eine Alternative zu Mietwagen oder öffentlichen Transportmitteln sind organisierte Rundfahrten für Gruppen oder Einzelreisende. Dazu ein paar Hinweise: versuchen Sie herauszufinden, wie lange die Fahrt dauert; lassen Sie sich im voraus die Garantie geben, daß die Rundfahrt nicht bei einem befreundeten Teppichhändler endet; ein Taxi zu viert ist oft billiger als eine Rundfahrt.

Wenn Sie nur wenig Zeit zur Verfügung haben, sollten Sie vor allem in Kappadokien die Möglichkeit einer Rundfahrt ins Auge fassen, denn dort gibt es viel zu sehen, und die Sehenswürdigkeiten liegen nahe beieinander. In **Istanbul** kann man sich mit einer Rundfahrt einen ersten Überblick über die Sehenswürdigkeiten verschaffen.

Fast überall, wo es irgend möglich ist, werden **Rundfahrten mit dem Boot** angeboten (siehe S. 130).

S

SPRACHE

Türkisch ist entfernt verwandt mit der finnischen und ungarischen Sprache. Atatürks Reformen in den 20er Jahren haben auch vor der Schrift nicht halt gemacht: die arabischen Zeichen wurden durch das lateinische Alphabet ersetzt. Charakteristisch sind die bedeutungstragenden Nachsilben, die mitunter erstaunliche »Bandwürmer« entstehen lassen.

Die meistgesprochene Fremdsprache ist und bleibt Französisch, manchmal trifft man aber sogar im entlegensten Dorf auf Leute, die ein wenig Deutsch sprechen. Das Personal in den Fremdenverkehrsämtern und größeren Hotels spricht zumeist auch Englisch, und selbst wenn dies nicht der Fall ist, wird man sich immer Mühe geben, Sie zu verstehen.

Fast alle Buchstaben der türkischen Sprache werden wie im Deutschen ausgesprochen, wobei die Vokale in der Regel kurz sind. Hier die wichtigsten Ausnahmen:

c – wie **dsch** in **Dsch**ungel
ç – wie **tsch** in ru**tsch**en
ğ – manchmal stumm (dehnt den vorausgehenden Vokal), manchmal wie ein schwacher **j**-Laut
h – immer deutlich hörbar ausgesprochen
ı – ungefähr wie **e** in Abend
j – wie **j** in **J**ournal
s – immer wie in e**s**
ş – wie **sch** in **sch**nell
v – wie **w** in **w**o
y – wie **j** in **j**a
z – wie **s** in Ro**s**e

STRASSEN UND PLÄTZE

So finden Sie sich zurecht: *caddesi* (abgekürzt Cad) und *sokak* (abgek. Sok) bedeuten Straße; *bulvarı* (abgek. Bul) heißt Boulevard, und *meydanı* (abgek. Meyd) Platz. Ein Markt oder Bazar *çarşı(sı)*, eine Moschee *cami(i)* und ein Schloß *kale*.

STROMSPANNUNG (*voltaj*)

Die Türkei hat sowohl 110 als auch 220 Volt mit 50 Hz. Erkundigen Sie sich im Zweifelsfall lieber, ehe Sie einen Schaden an Ihrem Gerät riskieren.

TOILETTEN (*tuvalet*)

Das Nonplusultra im Toilettenbereich findet man in großen Hotels – bis hin zu den Papierstreifen, die Sitz und Deckel zusammenhalten und bezeugen, daß das Klosett »hygienisch einwandfrei« ist. Sogar das Toilettenpapier erhält durch kunstgerechtes Falten eine dekorative Note. Im übrigen bestehen die türkischen Toiletten aus einem Loch im Boden und zwei Fußsockeln. Das Toilettenpapier sollte man nicht in die Toilette sondern in den Korb daneben werfen, um Verstopfung des Abflusses zu vermeiden. Eine Reserve an eigenem Toilettenpapier ist sehr zu empfehlen. Bei getrennten Toiletten steht *Bay(lar)* oder *Erkek(ler)* für Herren, *Bayan(lar)* oder *Kadın(lar)* für Damen an der Tür.

Wo sind die Toiletten?	**Tuvaletler nerede?**

TRINKGELD

Im Restaurant sollten Sie, wenn die Bedienung im Preis inbegriffen ist, etwa 5% Trinkgeld geben, sonst 10%. Ein Hoteldiener sollte $ 0,75 für Trägerdienste erhalten. Taxifahrer sollten eigentlich nicht mit Trinkgeld rechnen, tun dies aber gegenüber Touristen doch. Runden Sie den Betrag auf. *Dolmuş*-Fahrer erwarten wirklich kein Trinkgeld. Friseure und Angestellte der Türkischen Bäder erwarten dagegen 20%. Schuhputzer bekommen etwa $ 0,75, während die Toilettenangestellten mindestens $ 0,15 erhalten sollten.

U

UMGANGSFORMEN

In der Türkei stößt der Tourist auf zwei höchst unterschiedliche Aspekte der Gesellschaft. In internationalen Touristengegenden wird Oben-ohne-Baden akzeptiert, und westliche Musik dringt bis in die frühen Morgenstunden aus den Bars. In Teilen der großen Städte und im Landesinnern gibt sich die Türkei hingegen ausgesprochen konservativ. Achten Sie auf Ihre Kleidung und auf Ihr Benehmen. Öffentliche Liebesbekundungen zwischen Männern und Frauen sind nicht gern gesehen. Männer sollten lange Hosen tragen, und Frauen ihre Beine und Arme bedecken

Respektieren Sie die einheimischen Gewohnheiten vor allem, wenn Sie eine Moschee besuchen. Keine Besuche während der Gebetszeiten (meist etwa 20 Min.)! Der den Moslems heilige Freitag ist ein ausgesprochen schlechter Besuchstag. Es dürfen keine Shorts getragen werden, die Schultern und Oberarme müssen bedeckt sein und Frauen müssen eine Kopfbedeckung tragen – ein Schal kann meist ausgeliehen werden. Ziehen Sie Ihre Schuhe aus (manchmal bittet man Sie auch in einer Privatwohnung darum) und lassen Sie sie entweder vor der Tür oder auf einer Bank stehen oder nehmen Sie sie mit gegeneinandergelegten Sohlen mit.

UMWELT

Lassen Sie sich nicht zum Kauf von exotischen Souvenirs verleiten, die aus Pflanzen oder Tieren bedrohter Arten angefertigt sind. Sie riskieren die Beschlagnahme und empfindliche Strafen bei der Einreise in Ihre Heimat.

WASSER (*su*)

Leitungswasser gilt als nicht besonders gesund. Sicherer ist in Flaschen abgefülltes Mineralwasser mit oder ohne Kohlensäure. In kleineren Restaurants sollten Sie dem Beispiel der Einheimischen folgen und Ihr Glas vor Gebrauch mit etwas Wasser ausspülen.

Trinkwasser	**su içilir/içilebilir**
Ich möchte eine Flasche	**Bir şişe maden suyu**
Mineralwasser	**istiyorum**.
mit/ohne Kohlensäure	**soda/su**

ZEITUNGEN und ZEITSCHRIFTEN

An Hotel- und Straßenkiosken sind ausländische Zeitungen und Zeitschriften ein oder zwei Tage nach Erscheinen erhältlich.

Der Wochenüberblick *Newspot* liegt kostenlos auf deutsch, englisch und französisch in Fremdenverkehrsämtern auf. In Museen und an archäologischen Stätten werden oft hervorragende, in verschiedene Sprachen übersetzte Publikationen verkauft.

Haben Sie deutschsprachige Zeitungen?	**Bir alman gazeteniz var mı?**

ZEITUNTERSCHIED

In der Türkei gilt die osteuropäische Zeit (OEZ), d.h. mitteleuropäische Zeit (MEZ) + 1. Im Sommer gehen die Uhren ebenfalls eine Stunde vor, da auch die Türkei die Sommerzeit eingeführt hat.

Wie spät ist es?	**Saat kaç?**

ZOLL und PASSFORMALITÄTEN

Für die Einreise benötigen Sie einen gültigen Reisepaß und ein Visum, das Sie bei der Einreise erwerben müssen.

Zollfrei dürfen Sie ein- oder ausführen: In die Türkei 200 Zigaretten und 50 Zigarren und 200g Tabak, 5 Liter Wein oder Spirituosen; zusätzlich können Sie bei der Einreise im türkischen Duty-Free-Shop 400 Zigaretten, 100 Zigarren und 500g Tabak kaufen. In die BRD, nach Österreich und in die Schweiz: 200 Zigaretten oder 50 Zigarren oder 250g Tabak sowie 1l Spirituosen oder 2l Wein).

Zur MwSt-Rückerstattung für in Geschäften mit dem Tax-Free-Zeichen gekaufte Waren müssen Sie diese und den Kaufbeleg in dreifacher Ausfertigung dem türkischen Zoll bei der Ausreise vorlegen. Kauf und Ausfuhr von Antiquitäten sind verboten. An Devisen dürfen maximal $ 5000 in türkischen Lira ausgeführt werden.

Hotel- und Restaurantempfehlungen

Hotels

Die nachfolgende Liste bietet beste Adressen für jede Preiskategorie. Viele dieser Hotels werden von Reiseveranstaltern vermittelt, aber auch der Individualtourist ist willkommen. In den wichtigsten Urlaubsorten und in den großen Städten ist es angesichts des überreichen Angebots unnötig, den Hotelaufenthalt im voraus zu buchen. Dies gilt allerdings nur bedingt für die Monate Juli und August. Beachten Sie auch, daß in den Urlaubsorten und in Kappadokien die Hotels von November bis März geschlossen sind.

Die angegebenen Preissymbole gelten für ein Doppelzimmer mit Frühstück in den Monaten Juli und August. Während der übrigen Zeit des Jahres zahlen Sie meist erheblich weniger.

IIII+	ab $ 200
IIII	$ 120-200
III	$ 75-120
II	$ 35-75
I	unter $ 35

ISTANBUL

Ayasofya Pensions III

Soğukçeşme Sokak
Sultanahmet
Tel. (212) 513 3660
Fax (212) 513 3669

Direkt beim Topkapı-Palast liegt diese hübsche Reihe von 9 Häusern im osmanischen Stil. 61 Zimmer mit türkischen Teppichen und entsprechendem Mobiliar. Für das Essen hat man sich mit dem Sarnıç (siehe S. 183) arrangiert.

Çırağan Palace IIII+

Çırağan Caddesi 84
Beşiktaş
Tel. (212) 258 3377
Fax (212) 259 6687

Dies ist das größte Hotel der Stadt, ein renovierter osmanischer Palast der aus dem 19. Jh. stammt und am Ufer des Bosporus liegt. Fitneßräume (mit türkischem Bad), Ladenzentrum, Hallen- und Freibad. 324 Zimmer.

Hotels

Küçük Ayasofya I-II
*Şehit Mehmet Paşa
Sokak 25
Sultanahmet
Tel. (212) 516 1988
Fax (212) 516 8356*

Kleines, freundliches Hotel in einem renovierten Fachwerkhaus aus dem 19. Jh. in der Nähe der Blauen Moschee. Alle 14 Räume verfügen über Telefon.

Pera Palas IIII
*Meşrutiyet Caddesi 98-100
Tepebaşı
Tel. (212) 251 4560
Fax (212) 251 4088*

Das älteste Hotel Istanbuls wurde 1892 für die Passagiere des Orientexpress errichtet. Agatha Christie wohnte auf Zimmer 411, als sie für ihren Roman »Mord im Orientexpress« recherchierte. Etwas verblaßte *belle epoque* mit Antiquitäten und Kerzenleuchtern. 145 Zimmer.

Yeşil Ev IIII
*Kabasakal Caddesi 5
Sultanahmet
Tel. (212) 517 6785
Fax (212) 517 6780*

Wohl die schönste Aufenthaltsmöglichkeit in Sultanahmet – ein Herrenhaus aus dem 19. Jh. mit zwanzig Zimmern, die im Stil der Epoche möbliert sind. Prächtiges Gartenrestaurant.

EDIRNE

Balta Hotel II
*Talatpaşa Asfalti 97
Edirne
Tel. (284) 225 52 10/11/12
Fax (284) 225 35 29*

230 km vom Flughafen Istanbul gelegen ist das Balta ein komfortables Hotel, verkehrsgünstig an der Hauptstraße zur Stadt gelegen. Es bietet zwei Restaurants, zwei Bars, Frühstückssaal, Konferenzräume und Säle für Empfänge, sowie eine Garage. Alle 75 Zimmer haben Bad, Telefon mit Direktwahl, Satellitenfernsehen, Minibar und Balkon.

BURSA

Çelik Palas IIII
*Çerkirge Caddesi 59
Çerkirge
Tel. (224) 233 3800
Fax (224) 236 1910*

Bursas berühmtestes Bäderhotel (siehe S. 53). Fünfsterne-Service und Mineralwasser aus der Leitung in allen 173 Zimmern.

Hotels

Safran ▯▯
*Ortapazar Caddesi Arka
Sokak 4
Tel. (224) 224 7216
Fax (224) 224 7219*
Restauriertes bescheidenes osmanischen Herrenhaus hinter der Zitadelle. Zehn modernisierte Zimmer mit Klimaanlage, dazu ein gutes Restaurant.

AYVALIK

Taksiyarhis Pansiyon ▯
*İsmetpaşa Mah. Maraşal çakmak Caddesi 71
Tel. (226) 312 1494*
Nicht sehr viel Komfort, dafür umso mehr Atmosphäre bietet dieses Hotel aus dem 19. Jh. in der Altstadt von Ayvalık. Kelims auf den Holz- und Steinböden, hübsche Terrassen. Nur Gemeinschaftsdusche.

FOÇA

Karaçam ▯▯
*Sahil Caddesi 70
Tel. (232) 812 1416
Fax (232) 812 2042*
Gebäude aus dem 19. Jh. mit etwas zu groß geratenen öffentlichen Anlagen. Schöne Lage am Hafen, 22 eher spartanisch eingerichtete Zimmer – verlangen Sie eines mit Blick auf das Wasser.

IZMIR

Karaca ▯▯
*Necatibey Bulvarı 1379
Sokak 55
Tel. (232) 489 1940
Fax (232) 483 1498*
Modernes, freundliches Hotel, zehn Gehminuten nördlich vom Bazar in einer ruhigen, palmenbestandenen Straße gelegen. 73 Zimmer mit Klimaanlage, viele mit großem Balkon.

KUŞADASI

Kismet ▯▯▯
*Akyar Mevkii
Tel. (256) 614 2005
Fax (256) 614 4914*
Das erlesenste Hotel am Platz, das schon die Queen und Präsident Carter beherbergte, liegt inmitten wundervoller Gärten auf einer kleinen Halbinsel über dem Jachthafen und verfügt über 107 Zimmer.

BODRUM

Manastır ▯▯▯
*Barış Sitesi Mevkii
Kumbahçe Mahallesi
Tel. (252) 316 2854
Fax (252) 316 2772*
Sehr vornehmes Hotel etwas oberhalb des Stadtzentrums. Herrliche

Aussicht von der Bar-Terrasse, sehr empfehlenswertes Restaurant, Schwimmbad. 51 Zimmer mit Klimaanlage.

Seçkin Konaklar ▯▯
*Neyzen Tevfik
Caddesi 246
Tel. (252) 316 1351
Fax (252) 316 3336*
Am ruhigen Ende der Stadt hinter dem Hafen liegen diese niedrigen weißen Häuserblocks, die rund um einen hübschen Swimmingpool herum angeordnet sind. 48 Zimmer.

BODRUM HALBINSEL

Parkım Palas ▯▯
*Gümbet
Tel. (252) 316 1504
Fax (252) 316 3865*
Ein günstiges und gutes Hotel am Strand. 110 Zimmer in niedrigen Häuserblocks in einem Garten mit Bananen und Bougainvillea. Großes Schwimmbad. Halbpension obligatorisch.

Sysyphos ▯
*Gümüşlük Köyü
Tel. (252) 394 3016*
Eine einfache Pension in unvergeßlicher Lage am Ende des kleinen Strands von Gümüşlük. 21 Zimmer, zum Teil mit Blick auf das Meer. Hübsches rustikales Restaurant.

Taşkule ▯▯
*Yalıkavak
Tel. und Fax (252) 385 4935*
Eine vor allem von britischen Reisegruppen besuchte »Bed-and-Breakfast«-Unterkunft, einen Katzensprung vom Meer entfernt. Elf ausgesprochen reizende Zimmer, jeweils mit Sofa, frischen Blumen und schickem Bad. Schwimmbad und Bar.

MARMARIS

Begonya ▯▯
*Hacı Mustafa
Sokak 101
Tel. (252) 412 4095
Fax (252) 412 1518*
Restauriertes osmanisches Haus mit zehn sehr schönen Zimmern, die auf einen blumenbestandenen Hof blicken. Versuchen Sie ein Zimmer nach hinten hinaus zu bekommen, die Straße ist nämlich Brennpunkt des Nachtlebens von Marmaris.

Lidya ▯▯
*Siteler
Tel. (252) 412 2940
Fax (252) 412 1478*
Ein gutes, konventionelles Hotel am Strand mit herrlichen Gärten.

Hotels

Hallenbad, Disko. 336 Zimmer mit Klimaanlage. Etwa 3 km vom Stadtzentrum entfernt.

IÇMELER

Laguna Azur
Tel. (252) 455 3710
Fax (252) 455 3622
Das schickste Hotel von Içmeler. Besonderes bestechend ist die gläserne Eingangshalle; der Art Deco-Touch in den 64 klimatisierten Zimmern schafft eine besondere Atmosphäre. Fitneßraum, Schwimmbad, Türkisches Bad. Direkter Zugang zum Strand.

TURUNÇ

Gökçe
Tel. (252) 476 7589
Fax (252) 476 7354
Ein sehr freundliches Hotel in Familienbesitz, mit gutem Restaurant, Schwimmbad, und 21 einfachen Zimmern.

PAMUKKALE

Kervanseray
İnönü Caddesi
Tel. (258) 272 2209
Einfache Pension im Dorf unter den Terrassen. Angenehmes, gutes Dachrestaurant. Schwimmbad. 14 Zimmer.

Koru
Tel. (258) 272 2429
Fax (258) 272 2023
Das beste Hotel über den Terrassen mit vier Schwimmbecken (eines davon ein Hallenbad) und phantastischen Ausblicken. 132 Zimmer mit Klimaanlage. Pläne zum Schutze Pamukkales erzwangen möglicherweise eine Schließung (siehe S. 68).

DALYAN

Dalyan
Maraş Mah. Yalı Sokak
Tel. (252) 284 2239
Fax (252) 284 2240
Sehr attraktiver Bungalow-Komplex am Fluß direkt gegenüber von den Felsengräbern. Gärten, rundes Schwimmbecken mit Bar. Zwanzig Zimmer.

FETHIYE

Letoonia
Fethiye
Tel. (252) 614 4966
Fax (252) 614 4422
Wundervolles Feriendorf auf einer eigenen Halbinsel gegenüber von Fethiye (Fährservice in die Stadt). Es werden alle nur vorstellbaren Vergnügungs- und Sportmöglichkeiten geboten. 103 Zimmer, 358 Bungalows und 110 Villen.

OLUDENIZ

Club Belcekiz Beach II
Tel. (252) 616 6009
Fax (252) 616 6448
Schöner Komplex mit 120 Zimmern in pastellfarbenen Villen, die um ein großes Schwimmbecken herum angeordnet sind. Schöne Gärten, Strandnähe. Kein eigenes Restaurant.

Meri III
Tel. (252) 616 6060
Fax (252) 616 6456
Alteingesessenes, gutgeführtes Hotel, gegenwärtig das einzige auf der Lagune. Die Gärten reichen bis zu einem Sandstrand hinunter. 80 (modernisierungsbedürftige) Zimmer. Vor allem deutsche Reisegruppen. Halbpension obligatorisch.

PATARA

Patara Viewpoint I
Patara
Tel. (242) 843 5184
Fax (242) 843 5022
Moderne Pension mit schöner Aussicht auf das Tal und Annehmlichkeiten wie Moskitonetzen über den Betten der 27 Zimmer, einer mit Kissen ausgestatteten, türkischen Terrasse und freiem Busverkehr zum Strand.

KALKAN

Kalkan Han I
Kalkan
Tel. (242) 844 3151
Fax (242) 844 2048
Besonderes, kleines Hotel etwas im Hintergrund, das vor allem von englischen und französischen Reisegruppen besucht wird. 14 schikke Zimmer (versuchen Sie eines mit Balkon zu bekommen) und Dachbar mit herrlicher Aussicht.

Patara I
Kalkan
Tel (242) 844 3076
Fax (242) 844 3753
Diese Pension in einem alten Kaufmannshaus gehört zu den schönsten, die man sich vorstellen kann. Neun hübsche Zimmer mit Balkonen und Lüftung. Das Frühstück wird auf der Dachterrasse eingenommen.

Pirat II
Kalkan Marina
Tel. (242) 844 3178
Fax (242) 844 3183
Großer Hotelkomplex über dem Hafen, dessen Bauweise deutlich vom klassischen Stil beeinflußt ist. Drei untereinander verbundene Schwimmbecken, dazu eine angenehme Bar. 136 Zimmer (zum Teil mit Klimaanlage).

Hotels

KAŞ

Melisa
Bilgin Caddesi 6
Tel. (242) 836 1162
Saubere, einfache Pension in einer Seitenstraße. Zwanzig freundliche Zimmer, die meisten mit Balkon. Das Frühstück wird auf der Dachterrasse serviert. Freundlicher Empfang.

BELDIBI

Antalya Renaissance
Tel. (242) 824 8431
Fax (242) 824 8430
Eines der besten (und teuersten) der vielen Feriendörfer an diesem Teil der Küste. Eindrucksvolle Gärten, viele Annehmlichkeiten. 338 Zimmer.

ANTALYA

Marina
Mermerli Sokak 15, Kaleiçi
Tel. (242) 247 5490
Fax (242) 241 1765
Ein höchst professionell geführtes Etablissement in drei im Stil etwas veränderten Herrenhäusern aus dem 19. Jahrhundert hinter dem Hafen. Sehr schöne Terrassen zum Sonnenbaden oder zum Genießen der ausgezeichneten Speisen. 42 schicke Zimmer mit Klimaanlage.

Villa Perla
Barbaros Mah.
Hesapçı Sokak 26
Kaleiçi
Tel. (242) 248 9793
Fax (242) 241 2917
Wohl das Hotel mit der meisten Atmosphäre in Kaleiçi. Das historische Gebäude über einem wundervollen Hof mit Schwimmbad verfügt über elf mit Antiquitäten fast übervolle Zimmer. Das Restaurant genießt einen guten Ruf.

SIDE

Cennet
Side
Tel. (242) 753 1167
Fax (242) 753 1438
Ideale Lage am Strand, 15 Gehminuten von der Halbinsel Side entfernt. Großes Schwimmbecken, attraktive Speiseterrasse, waldartiger Garten. 136 Zimmer. Dieses Hotel wird sehr gerne von deutschen Reisegruppen besucht.

Hanimeli
Side
Tel. und Fax (242) 753 1789
Sehr schöne und komfortable Pension in einem alten behaglichen Steingebäude auf der Hafenseite der Halbinsel. Zwölf reizende Zimmer mit Fensterläden. Überwachsene Frühstücksterrasse.

Turquoise ||||
Tel. (242) 756 9330
Fax (242) 756 9345
Beeindruckendes Feriendorf in einem Pinienwald, etwa 3 km vom Zentrum von Side entfernt. Eigener Strand. Vielerlei Sportmöglichkeiten. 240 Zimmer. Halbpension obligatorisch.

ALANYA

Bedesten ||
İçkale
Tel. (242) 512 1234
Fax (242) 513 7934
Renovierte Karavanserei aus dem 12. Jahrhundert. in absolut ruhiger Lage auf der halben Höhe des Burgbergs (stündlicher dolmuş zum Zentrum des Ortes). 23 kleine Zimmer, Restaurant, Schwimmbecken.

ANAMUR

Hermes Hotel |
Iskele Civari Mevkii
Anamur
Tel. (324) 814 39 50
Fax (324) 814 39 95
Zentral gelegen bietet dieses Hotel Klimaanlage, Sauna, Schwimmbad, Privatstrand, Disko und eine Gartenbar. Alle Zimmer mit Dusche, Toilette und Balkon. 70 Zimmer.

ANKARA

Best
Atatürk Bulvarı 195
Kavaklıdere
Tel. (312) 467 0880
Fax (312) 467 0885
Kleines, stilvolles Hotel mit vernünftigen Preisen, etwa 3 km südlich von Ulus gelegen. Alle 48 Zimmer haben Balkon, Satelliten-TV, Klimaanlage und Minibar.

Hitit |
Hisarparkı Caddesi 12
Ulus
Tel. (312) 310 8617
Altmodisches aber gutes und preiswertes Hotel in günstiger Lage unter der Zitadelle. Die 44 Zimmer bieten ausreichenden Komfort.

CAPPADOCIA

Alfina
İstiklal Caddesi 27
Ürgüp
Tel. (384) 341 4822
Fax (384) 341 2424
Dieses moderne Hotel kombiniert auf faszinierende Art heutige Architektur mit alter Bauweise: Die 32 Zimmer wurden direkt in den Fels gebaut! Wählen Sie ein Zimmer nach vorne hinaus mit Terrasse.

Hotels

Ataman
Göreme
Tel. (384) 271 2310
Fax (384) 271 2313
Steinbauwerk mit 13 Luxuszimmern, eingerichtet mit antikem Mobiliar. Europäische Küche.

Esbelli Evi
Turban Girişi
Çeşme Karşısı
Ürgüp
Tel. (384) 341 3395
Fax (384) 341 8848
Vielleicht die exklusivste kleine Pension der Türkei. Ein in den Felsen hineingebautes osmanisches Haus, vorbildlich renoviert. Klassische Musik in den Wohnzimmern, Messingbetten.

Ottoman House
Göreme
Tel. (384) 271 2616
Fax (384) 271 2351
Neues Hotel im Dorfzentrum. Gemütliche Bar im türkischen Stil. Preiswert. 35 Zimmer.

KONYA

Balıkçlar
Mevlana Karşışı 1
Tel. (332) 350 9470
Fax (332) 351 3259
Noch das beste der uninteressanten Hotels von Konya. Ein moderner Häuserblock an einer lauten Straßenkreuzung gegenüber dem Mewlana-Museum. 48 Zimmer mit Klimaanlage.

SINOP

Melia Kasim
Gazi Caddesi
Tel. (368) 261 4210
Bestes Hotel im Stadtzentrum am Wasser nahe dem Hauptplatz. Einige Zimmer haben Meerblick.

TRABZON

Usta
İskele Caddesi
Telegrafhane Sokağı 3
Tel. (462) 321 2195
Fax (462) 322 3793
Dieses Dreisterne-Hotel in einer ruhigen Straße nahe Atatürk Alanı ist das beste in Trabzon. 76 Zimmer.

ERZURUM

Büyük Erzurum
Ali Ravi Caddesi 5
Tel. (442) 218 6528
Fax (442) 212 2898
Ein altmodisches, etwas modernisierungsbedürftiges aber komfortables Dreisterne-Hotel in zentraler Lage. Alle 50 Zimmer mit Balkon.

> # Restaurants
>
> Am einfachsten ist es oft, das Restaurant nach den ausgestellten Speisen oder der ausgehängten Speisekarte auszusuchen. Wir haben dennoch ein paar ausgewählt, die einen Besuch bzw. einen Umweg wert sind. Die Angabe einer Telefonnummer bedeutet, daß Vorbestellung ratsam ist. Manchmal gibt es aber auch schlicht kein Telefon. Die Preisangaben gelten für ein komplettes Essen für eine Person (*meze*, Hauptgericht und Nachspeise) ohne Getränke.
>
> | | |
> |---|---|
> | ||| | ab $ 25 |
> | || | $ 15-$ 25 |
> | | | bis $ 15 |

ISTANBUL

Asir ||
Kalyoncu Kulluk Caddesi 94/1
Beyoglu
Tel. (212) 250 0557
Einheimische und Besucher kommen hierher wegen des schmackhaften Fisches und der *meze*. Geöffnet mittags und abends.

Çiçek Pasajı |
İstiklal Caddesi
Beyoğlu
Nicht mehr die wilde Höhle von einst, wo man von den Künsten eines lebenden Tanzbären unterhalten wurde, aber immer noch eine fröhliche Gruppe von Bars und Restaurants in einer verzierten Arkade aus dem 19. Jh.

Divan |||
Divan Hotel
Taksim
Tel. (212) 231 4100
Das Divan hat eine der besten und raffiniertesten Küchen in Taksim. Sie können sich an türkischen oder internationalen Speisen gütlich tun. Ein beliebtes Lokal. Reservierung empfehlenswert.

Four Seasons ||
Istiklal Caddesi 509
Tünel
Die Speisekarte bietet eine große Auswahl von Speisen der internationale Küche. Ein gut eingeführtes Restaurant mit ausgesprochen europäischer Atmosphäre, das finden Sie in dem Lokal, das im Konsulatsviertel liegt.

Restaurants

Hacibab ‖
Istiklal Caddesi 49
Beyoglu
Tel. (212) 244 1886
Typisch türkisches Restaurant mit orientalischem Charme. Genießen Sie die große Auswahl türkischer Spezialitäten. Balkon mit Aussicht auf den Hof der Kirche in Taksim.

Hamdi Et Lokantasi |
Tahmis Daddesi
Kalçin Sokak
Eminönü
Tel. (212) 528 0390
In der Altstadt Istanbuls gelegen finden Sie in diesem unscheinbaren Restaurant eine ansehnliche Auswahl guter Grillspeisen.

Hasan Balikçilar ‖‖
Yat Limani
Rihtim Sokak 8
Yesilköy
Das Lokal in Flughafennähe bietet eine reichhaltige Speisekarte und eine der besten Küchen Istanbuls. Spezialität: Meeresfrüchte. Probieren Sie die Desserts aus Quitten und süßem Rahm.

Istiridye ‖
Mumhane Caddesi 45-47
Karaköy
Das Restaurant war früher eine Kirche; es ist berühmt für seine Fischspezialitäten.

Kallavi ‖
Kallavi Sokak 20
Beyoglu
Tel. (212) 251 1010
Türkei und Griechenland in einem Lokal vereint: schmackhafte *meze* und *kebabs*, Mittwoch und Freitag griechische Livemusik.

Körfez ‖‖
Körfez Caddesi 78
Kanlıca
Tel. (216) 413 4314
Eines der besten und schicksten Restaurants von Istanbul hat sich in einer Villa auf der asiatischen Seite des Bosporus eingerichtet. Der private Fährendienst (Anruf genügt) bringt Sie hinüber, wo die Genüße himmlischer Fischgerichte Ihrer harren.

Kumkapı ‖-‖‖
Hier handelt es sich nicht um ein Fischrestaurant, sondern um deren fünfzig, die sich in ein paar engen Straßen am Südende der Stambul-Halbinsel drängen. Es geht lustig und musikalisch zu.

Les Ambassadeurs ‖‖
Cevdet Pasa Caddesi
Bebek
Der Name täuscht: serviert werden köstliche türkische und russische Gerichte. Vom Garten des Restaurants schöner Meerblick.

Restaurants

Memo's ▮▮▮
Salhane Sokak 10/2
Ortaköy
Tel. (212) 261 8304
Schickes Restaurant mit Bar. Die Terrasse überragt das Meer und ist im Sommer ein sehr empfehlenswerter Ort. Nach Mitternacht Disko.

Mey ▮▮▮
Rumeli Hisari Caddesi
Bebekli Apt. 122
Bebek
Tel. (212) 265 2599
Gutes Fischrestaurant mit internationalem Flair. Stilvoll und sparsam eingerichtet, richtet es sein Angebot vornehmlich an Gäste aus wohlhabenden Kreisen.

Pandeli's ▮▮
Mısır Çarşısı 51
Eminönü
Tel. 522 5534
Schon fast eine Institution in Istanbul, die auf ein erstaunlich langes und erfolgreiches Leben zurückblicken kann (es besteht seit 1891) Wunderbare Fisch-, Fleisch- und Gemüsegerichte werden hier zubereitet. Das Restaurant liegt etwas oberhalb des Eingangs zum Gewürzbazar und ist nur zur Mittagszeit geöffnet und das nur während der Woche, montags bis samstags.

Pudding Shop ▮
Divan Yolu 6
Sultanahmet
Durchschnittliches türkisches Selbstbedienungsrestaurant. In den 60er und 70er Jahren gaben sich die Hippies dort ihr Stelldichein.

Sarnıç ▮▮
Soğukçeşme Sokak
Sultanahmet
Tel. (212) 512 4291
Restaurant in einer 1000jährigen byzantinischen Zisterne. Internationale Speisekarte mit einigen türkischen Spezialitäten.

BURSA

Adanur Kebapçı
Ünlü Caddesi
Heykel
Hinter der Atatürk-Statue am östlichen Ende der Hauptstraße bietet dieses Lokal die Gelegenheit, die ausgezeichneten lokalen Spezialitäten *Iskender kebap* zu probieren.

FOÇA

Ali Baba ▮
Atatürk Meydanı
Ein angenehmes Restaurant mit guter Bedienung, mit Terrasse am Hauptplatz, das gute Suppen und

hübsch präsentierte, frisch zubereitete Hauptgerichte serviert.

IZMIR

Deniz
İzmir Palas Hotel
Vasif Çınar Bulvarı 2
Tel. 422 0601
Elegantes Restaurant am Wasser, das von wohlhabenden Einheimischen seiner Fischgerichte wegen geschätzt wird.

Deux Mégots
Atatürk Caddesi 148a
Tel. 224 8686
Bistro am Wasser für den anspruchsvollen Gast, der sich an leichten Speisen, Snacks und Sandwiches laben kann.

ÇEŞME

Sahil
Cumhuriyet Meydanı
Großes Fischrestaurant am Hauptplatz voll Betriebsamkeit, das bei Einheimischen und Touristen gleichermaßen beliebt ist. Köstliche Verdauungsschnäpse als Geschenk des Hauses.

KUŞADASı

Club Caravanserai
Atatürk Bulvarı 1. Tel. 614 4115
Die einstige osmanische Karawanserei ist heute ein sehr lautes Hotel mit einem Restaurant, in dem man bei Kerzenlicht speist und sich im Palmengarten nächtliche Kabarettshows mit Bauchtanz als Begleitung zum Essen zu Gemüte führen kann.

Be bop
Cephane Sokak 20
Erlesenes Café und Bistro mit Jazzmusik und echt italienischen Gerichten in einem stilvoll umgebauten osmanischen Gebäude im Kale-Viertel.

Sultan Han
Bahar Sokak 8. Tel. 614 6380
Herrliches altes Haus im Kale-Viertel mit einem von Wein überwachsenem Hof, in dem auch serviert wird. Nächtliche Bauchtanz-Vorführungen und eine reichhaltige Auswahl an *meze* locken Einheimische wie Fremde an.

BODRUM

Han
Kale Caddesi 23. Tel. 316 7951
Eine Karawanserei aus dem 18. Jahrhundert mit internationaler und türkischer Küche, die in einem Hof bei Kerzenlicht serviert wird. Bauchtanz-Vorführungen als abendliche Unterhaltung.

Kocadon ❙❙
Neyzen Tevfik Caddesi 160
Von allen Hafenrestaurants ist dies das stilvollste. Der Hof zwischen den alten Steingebäuden wird kunstvoll beleuchtet, und das *meze*-Buffet ist schon eine Freude fürs Auge.

Restaurant Alley
Seitengasse von Kale Caddesi
In dieser mit Wein überwachsenen hübschen Straße mit ihren unzähligen einfachen türkischen Restaurants herrscht immer eine Art Party-Atmosphäre.

MARMARIS

Ayyildiz ❙
Eski Çarşı
Billiges, aber gutes, traditionelles Essen (vor allem die *kebap*) im Herzen des Marktes – sehr viel billiger und weniger prätentiös als die Restaurants am Meer.

FETHIYE

Meğri ❙-❙❙
Çarşı Caddesi No13 und Eski Cami Geçidi Likya Sokak No8-9
Ausgezeichnete türkische Speisen werden in beiden Etablissements serviert. Das erste wird mehr von Einheimischen besucht, das zweite, mitten am Marktplatz, von Touristen.

OLUDENIZ

Beyaz Yunus ❙❙
Tel. 616 6036
Der »Weiße Delphin« liegt wunderbar über dem östlichen Ende des Hafens. Lassen Sie sich die empfehlenswerten Fischspezialitäten auf der sehr hübschen Terrasse schmecken.

KALKAN

Akın ❙❙
Yalıboyu
Restaurant mit einer kleinen Terrasse gleich über dem Hafen. Ausgezeichnetes Essen wie Schwertfisch *kebap* und *meze*-Buffet.

Belgin's Kitchen ❙
Yalıboyu 1
Kitschiges aber lustiges Etablissement im osmanischen Stil, wo man türkische Spezialitäten wie *mantı* im Schneidersitz mit Live-Volksmusik-Begleitung einnimmt.

KAŞ

Eriş
Cumhuriyet Meydanı
Ein freundliches Restaurant an einem zauberhaften kleinen Platz

Restaurants

hinter dem Hafen, das sich auf Fischgerichte und Eintöpfe spezialisiert hat.

ANTALYA

Hisar ⬛-⬛⬛⬛
Cumhuriyet Meydanı
Schon die herrliche Lage ist einen Besuch wert, aber auch die traditionellen Grillgerichte (Fleisch, Fisch, *meze*). Im Winter wird in den Gewölben innerhalb der Burgmauern, im Sommer auf der Terrasse mit ihrer unvergleichlichen Aussicht auf den Hafen serviert.

Yat ⬛⬛
Yat Limanı
Eines der vielen attraktiven Restaurants am alten Hafen. Hübsche Umgebung, aufmerksame Bedienung, *meze* -Buffet, Soufflés und Fischgerichte sind die hiesige Spezialität.

SİDE

Aphrodite ⬛⬛-⬛⬛⬛
Sehr beliebt bei den Einheimischen, wohl weil es wahrscheinlich das beste Restaurant der Stadt ist. Man kann auf der Terrasse direkt am Hafen bei Kerzenlicht speisen. Sehr feine Vorspeisen und jede Menge Fisch, z.B.gemischte Fischplatten.

ALANYA

Mahperi ⬛⬛-⬛⬛⬛
Gazipaşa Caddesi 60
Eines der schicksten Fischrestaurants am Hafen, das sich selbst als Fisch- und Steakrestaurant bezeichnet.

ANTAKYA

Andalou ⬛⬛
Saray Caddesi 50/C
Antakya
Tel. 215 19 37
Zwei Blocks südlich des Atahan Hotels gelegen, gehört das Andalou zu den besten Restaurants von Antakya und bietet einen prächtigen Garten. Besonders empfehlenswert sind Adana *kebap*, gegrilltes Huhn und Hummus. Reservierung zu empfehlen.

ANAMUR

Star Sonarex Motel ⬛
Mamure Kalesi Yani 33640
Anamur
Tel. (7577) 12 19
Wohlschmeckende Speisen der internationalen Küche, serviert in einem dicht überwachsenen Garten. Ein herrlich erfrischender Aufenthalt an einem heißen Sommertag.

Restaurants

ANKARA

Körfez
Bayındır Sokak 24
Kızılay
Tel. (312) 131 1459

Gutes Restaurant im modernen Teil der Stadt. Ausgezeichnete *kebab*, Meeresgerichte, *meze*, frisches Brot. Gute Weine zu vernünftigen Preisen.

Zenger Paşa Konağı II-III
Doyran Sokak 13
Hisar
Tel. 311 7070

Ein wundervolles mehrstöckiges, osmanisches Herrenhaus in der Zitadelle. Sehr beliebt wegen seines phantastischen Ausblickes über die Stadt und wegen des reichhaltigen Angebots an türkischen Gerichten. Spezialität: Pizza – die größten Pizzen sind bis zu einem Meter lang!

CAPPADOCİA

Konak Türk Evi
Orta mah. 6
Göreme
Tel. 271 2207

Ein elegantes Haus aus dem 19. Jahrhundert. mit Malereien an Decken und Wänden und einer Terrasse. Es gibt keine Speisekarte, sondern nur festgelegte Menüs. In der Hochsaison Livemusik und Bauchtanzvorführungen.

Şömine
Ürgüp

Das beste Haus der Stadt liegt am Hauptplatz und ist der Ort um zu sehen und gesehen zu werden. Guter Service, reichhaltige Speisekarte, Salatbuffet und durchschnittliche Weine.

KONYA

Şifa
Mevlana Caddesi 11 and 30
Tel. 352 0519

Hier handelt es sich um zwei von derselben Familie geführte Etablissements, die sich an der Hauptstraße Konyas gegenüberliegen. Alkohol gibt es keinen, der *fırın kebap* (gebratener Hammel) ist jedoch sehr zu empfehlen.

ERZURUM

Güzelyurt
Cumhuriyet Caddesi
Tel. 218 1514

Das beste Restaurant in Erzurum besteht seit 1928 und gehört zu den wenigen der Stadt, die alkoholische Getränke anbieten.

Register

Fettgedruckte Seitenzahlen kennzeichnen den jeweiligen Haupteintrag, *kursive* Seitenzahlen eine Abbildung. Praktische Informationen und Hinweise für die Reise finden Sie in alphabetischer Reihenfolge ab Seite 144.

Adana 90
Ägäische Küste 54-69
Alacahöyük 95
Alanya 28, 80, 87-88
Alexander der Große 13-14
Alibey 54
Altınkum 28, 64, 128
Altorientalisches Museum 34-35
Amasya 99, *100*, 101
Anamur 88
Ankara 28, 44, 92-96, 126, 128
Antakya 91
Antalya 80-82
Antiochia 90
Anzac-Bucht 48
Aphrodisias 69
Ararat 118-119
Archäologisches Museum, İstanbul 35, 37
Aspendos 84
Assos 51
Atatürk 6-8, 15, 25
Atatürk Mausoleum *26*, 93
Autofahren 147, 154, 163
Autoverleih 147, 149
Avanos 104

Backgammon 127, 128
Bäder, türkische 37, 124
Bazar 121
Behramkale 51
Beldibi 79
Bergama (siehe Pergamon)
Bergwandern, -steigen 116, 132

Bevölkerung 7, 9
Bitez 28, 66, 130, *131*
Blaue Moschee 32, *32*, 37
Bodrum 27, 65-66
Bootssport 130-132
Bosporus 45-46
Bursa 51-53
Byzanz 17-20

Çaka 113
Çaliş Beach 71
Camping 151
Çanakkale 50
Casinos 128
Çeşme 59, *59*
Chimära 78
Chora-Erlöserkirche 18, 37, *40*, 41-42

Dalyan 70, 73
Datça 67
Derinkuyu 105
Derwisch 108, 126
Didyma 64-65
Diebstähle 151, 163
Dilek *60*, 60
Diwanhof 36
Dolmabahçe Palast 35, 45

Edirne 48-49

Einkaufen 37, 121-127
Eminönü 30, 42, 45-46
Ephesos 60-62

Erdbeben 146
Erzurum 117-118
Eyüp 43

Fatih Denkmal *21*
Fayancen-Pavillon 34
Fethiye 71, 75, 130
Fisch 138, 139
Foça 54

Gallipoli 22, 24, 49-50
Geld 155-156
Gelibolu 49-50
Gemeliş 73
Geographie 9
Getränke 139-142
Gewürzmarkt 37, 42, 127
Giresun 113
Giresun Adası 113
Gleitschirmfliegen 133
Goldenes Horn 42-43
Gordion 99
Göreme 103
Großer Bazar 38-39, 39, 121
gület 130
Gümbet 66, 129
Gümü£lük 66

Hadrian-Tempel 61, 63
Hagia Sophia 7, 19, 21, 30-32, *31*, 37
Harbiye 91
Harem 36
Hatay 90
Hattuşaş 10, 11, 96-98, *97*
Hethiter 10
Hierapolis 69
Hippodrome 32
Höflichkeit 168-169
Homosexualität 156

Hotels 156, 172-180

Içmeler 67, 129
Ihlaratal 106, 107
Impfungen 145
Iskenderun 90
Islam 6, 33
Istanbul 29-46, 128
Istuzu 70, *74*
Izmir 56-57
Iznik 53-54

Janitscharen 23, 35, 45
Jetski 129
Jugendherbergen 157

Kaffee 141
Kale 75
Kaleiçi 80, 82
Kalkan 73, 121
Kamelkampf 57, 126, 134
Kappadokien 102-111
Karatepe 90
Karten 158
Kastell St Peter 65
Kaunos 70
Kaya 71
Kaymaklı 105
Kayseri 107
Kaş 74
Kebab 136
Keilschrift 10
Kekova 74
Kelims (Kilims) 123
Kemer 79, 130
Keramik 127
Kilikien 86-91
Kino 128-129
Kızkalesi 89
Kleidung 127, 158

189

Klima 158
Knidos 68
Konstantinopel 15, 18-20
Konsulate 160
Konya 109
Kreuzzüge 15, 19-20
Krösus 12
Kupfer 127
Kurden 25, 26
Kuşadası 59-60

Landkarten 158
Lara 82
Leder 125
Letoön 73
lokum 139

Mamare Kalesi 88
Manisa 57
Marmara 47-54
Marmaris 66, 126
Mehmet II 20
Mewlana 108, 110
meze 135, 137
mihrab 33
Milet 64
mimbar 33
Mittelmeerküste 69-86
Motorrad 152
Museum der anatolischen Zivilisation 95
Museum für Türkische und Islamische Kunst, Istanbul 34
Mustafa Kemal 24-25
Myra 75

Nachtisch 139
Narlıkuyu 89
Nevşehir 104
Nikolausbasilika 75, 77

Notfälle 160

Öffentlicher Verkehr 30, 153, 160-162, 166
Öffnungszeiten 162-163
Olba (Diocaesarea) 89
Ölüdeniz 72, 130, 133
Olympos 76, *81*
Ordu 113
Orientierung 167
Ortahisar 104
Ortakent 66
Ostanatolien 116-118

Palastküchen 36
Pamphylia 80
Pamukkale 68, *71*
Paragliding 129
Patara 73, *76*
Paulus, der Apostel 14, 17, 61, 90
Pensionen 156, 172-180
Pergamon 16, 55-56
Perge 16, 83
Perşembe 113
Pferderennen 134
Phaselis 78
Pinara 72
Polizei 163
Post 163
Preise 164-165
Priene *12*, 64
Prinzeninseln 46-47, *47*

Radio 166
Rafting 116
raki 139-141
Religion 9, 33, 165
Restaurants 142, 181-187
Ringkampf 134
Römisches Reich 16

Rundfahrten 166

Safranbolu 99
Samsun 112-113
Sardes 58
şardivan 33
Sarımsalkı 54
Schildkröten 70, 72
Schliemann, Heinrich 50-51
Schmuck 125
Schwarzmeerküste 111-116
Selçuk 63-64
Seleucia ad Pieria 91
Selimiye Camii 48, *48*
Siğacik 59
Side 85, 87, 130
Silifke 88-89
Sinan 21, 31, 40, 43, 46, 48, 58
Sinop 111, 113
Sivas 101
Skifahren 132
Souvenirs 125-127
Speisen 136-142, 181-187
Sprache 9, 142, 166
St Peter Kastell 65
St. Nikolaus 77
Staatsform 9
Stamboul 29-42
Suleiman 21, 40
Suleiman Moschee 37, 40
Sumelakloster 115-116

Tarsus 90
Tauchen 129
Tee 141
Tekirova 79
Teos 59
Teppiche 123
Termessos 82-83, 85
Tevfikiye 51

Thrakien 47-54
Tirebolu 113
Tlos 72
Toiletten 168
Töpferwaren 127
Topkapı-Palast 35, 36, 37
Touristeninformation 154
Touristenzentren 28
Trabzon (Trapezunt) 113-116
Trajan-Tempel 55, 56
Troja 11, 50-51
Trojanischer Krieg 11, 14, 51
Turgutreis 66
Türkbükü 66
Türkische Bäder 37, 124
Turunç 67

Üçağız 74
Unterirdischer Palast 34, 37
Ünye 113
Urgüp 103, 121, 126, 140
Üşhisar 104

Van-See 119
Vorspeise 137

Wasserski 129
Wassersport 129-130
Wein 141
Wirtschaft 9

Xanthos 72-73

Yalıkavak 66
Yazılıkaya 98, *98*
Yerebatan Sarayı 34, 37

Zelve 103, 104
Zentralanatolien 91-111
Zoilos Fries 72

191

Weitere Reiseführer von Berlitz

Afrika
Kenia
Marokko
Südafrika
Tunesien

Australien

Belgien/Niederlande
Brüssel
Amsterdam

Britische Inseln
Irland
London
Schottland

Deutschland
Berlin
München

Ferner Osten
Bali und Lombok
China
Hong Kong
Indien
Indonesien
Israel
Japan
Jerusalem
Malaysia
Singapur
Sri Lanka
Thailand

Frankreich
Bretagne
Côte d'Azur
Dordogne/Périgord
Euro Disneyland
Frankreich
Paris
Provence

Griechenland
Ägäische Inseln
Athen
Korfu
Kreta
Peloponnes
Rhodos

Italien/Malta
Florenz
Italien
Mailand und die norditalienischen Seen
Neapel/Amalfiküste
Rom
Sizilien
Venedig
Malta

Karibik
Bahamas
Französische Antillen
Jamaika
Kleine Antillen/Südliche Inseln
Kuba

Lateinamerika
Mexiko

Naher Osten
Ägypten
Jerusalem
Zypern

Österreich
Tirol
Wien

Portugal
Algarve
Lissabon
Madeira

Schweiz

Skandinavien
Kopenhagen
Oslo und Bergen
Schweden

Spanien
Barcelona
Costa Blanca
Costa Brava
Costa Dorada und Tarragona
Costa del Sol und Andalusien
Ibiza und Formentera
Kanarische Inseln
Madrid
Mallorca und Menorca
Sevilla

Türkei
Istanbul und die Ägäische Küste
Türkei

USA und Kanada
Disneyland und Themenparks in Südkalifornien
Florida
Hawaii
Kalifornien
Kanada
Los Angeles
Miami
Montreal
New York
San Francisco
USA
Walt Disney World und Orlando

Zentraleuropa
Budapest
Moskau und St. Petersburg
Prag
Tschechische Republik
Ungarn

029/803 RP